Sekundarstufe

Stefan Lamm

Lernmodul
Zweiter Weltkrieg

Stationenlernen

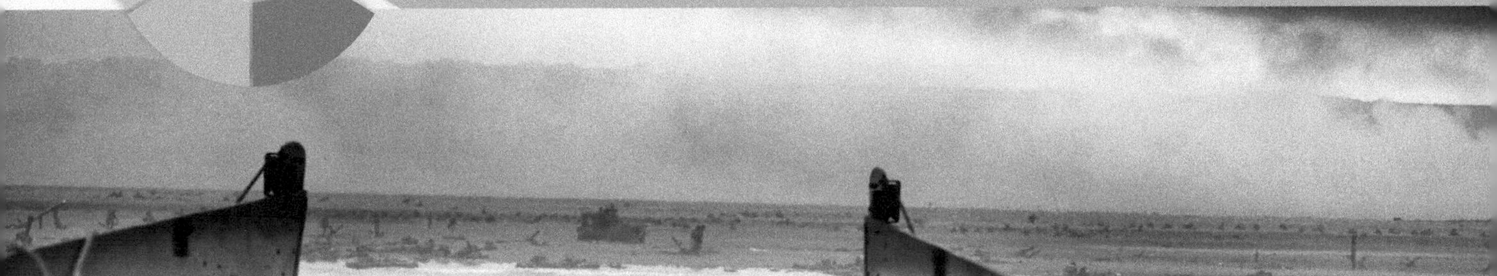

Mit verschiedenen Bausteinen effektiv und nachhaltig unterrichten

Thema 6

Lernmodul 6: Zweiter Weltkrieg
Stationenlernen

7. Auflage 2024

© Kohl-Verlag, Kerpen 2015
Alle Rechte vorbehalten.

Inhalt: Stefan Lamm
Coverbilder: © wikimedia commons (gemeinfrei) & Klingline - AdobeStock.com
Redaktion: Kohl-Verlag
Grafik & Satz: Kohl-Verlag
Druck: Elanders Druck, Waiblingen

Bestell-Nr. 11 685

ISBN: 978-3-95686-661-6

Das vorliegende Werk und seine Teile sind urheberrechtlich geschützt. Jede Nutzung in anderen als den gesetzlich zugelassenen Fällen bedarf der vorherigen schriftlichen Einwilligung des Verlages. Hinweis zu § 52a UrhG: Weder das Werk noch seine Teile dürfen ohne eine solche Einwilligung eingescannt und in ein Netzwerk oder das Internet eingestellt werden. Dies gilt auch für Intranets von Schulen und sonstigen Bildungseinrichtungen.

Kontakt: Kohl-Verlag, An der Brennerei 37-45, 50170 Kerpen
Tel: +49 2275 331610, Mail: info@kohlverlag.de

Der vorliegende Band ist eine Print-Einzellizenz

Sie wollen unsere Kopiervorlagen auch digital nutzen? Kein Problem – fast das gesamte KOHL-Sortiment ist auch sofort als PDF-Download erhältlich! Wir haben verschiedene Lizenzmodelle zur Auswahl:

	Print-Version	PDF-Einzellizenz	PDF-Schullizenz	Kombipaket Print & PDF-Einzellizenz	Kombipaket Print & PDF-Schullizenz
Unbefristete Nutzung der Materialien	x	x	x	x	x
Vervielfältigung, Weitergabe und Einsatz der Materialien im eigenen Unterricht	x	x	x	x	x
Nutzung der Materialien durch alle Lehrkräfte des Kollegiums an der lizensierten Schule			x		x
Einstellen des Materials im Intranet oder Schulserver der Institution			x		x

Die erweiterten Lizenzmodelle zu diesem Titel sind jederzeit im Online-Shop unter www.kohlverlag.de erhältlich.

Inhalt

	Seite
Inhalt & Bildquellennachweis	3
Vorwort zum Lernmodul	4 – 5
Übersicht	6 – 7
Stationenlaufzettel	8
1. Vorkriegsjahre	9 – 10
2. Adolf Hitler – Sein Kampf	11 – 16
3. Kriegsvorbereitungen – Das Ausland sieht tatenlos zu	15 – 22
4. Organisationen der NS-Diktatur	21 – 28
5. Der Krieg in Europa	27 – 36
6. Das Grauen der NS-Zeit	35 – 44
7. Der deutsche Widerstand	43 – 48
8. Der weltweite Krieg	49 – 56
9. Das Ende des Krieges	55 – 64

Bildquellen

Bildquellen AdobeStock.com: S. 2: © Africa Studio;

Bildquellen wikipedia.com: S.9/10: © Bundesarchiv, Bild 102-15347 / CC-BY-SA 3.0 (oben), Bundesarchiv, Bild 183-1987-0703-507 / unbekannt / CC-BY-SA 3.0 (unten); S. 11/12: © gemeinfrei (Kinderbild), Bundesarchiv, Bild 183-S33882 / Unknown / CC-BY-SA 3.0 (Mitte), Bundesarchiv, Bild 183-S62600 / CC-BY-SA (unten); S. 13/14: © gemeinfrei (Sintiverhaftung); S. 15/16: © Bundesarchiv, Bild 146III-373 / CC-BY-SA 3.0 (o.l.), gemeinfrei (A. Speer), Bundesarchiv, Bild 102-04062A / Georg Pahl / CC-BY-SA 3.0 (unten); S. 17/18: © gemeinfrei (oben), Bundesarchiv, Bild 183-H25224 / Unknown author / CC-BY-SA 3.0 (unten); S. 19/20: © Ziegelbrenner (oben), Bundesarchiv, Bild 137-049278 / CC-BY-SA 3.0 (unten); S. 21/22: © Bundesarchiv, Bild 137-049535 / Unbekannt / CC-BY-SA 3.0 (oben), WerWil (unten); S. 23: © gemeinfrei (oben und unten); S. 24: © Bundesarchiv, Bild 146-1969-054-16 / Hoffmann, Heinrich / CC-BY-SA (oben), gemeinfrei (unten); S. 25/26: © Bundesarchiv, Bild 102-15282A / Georg Pahl / CC-BY-SA 3.0 (oben), Bundesarchiv, Bild 183-S72707 / CC-BY-SA 3.0 (unten); S. 27/28: © Bundesarchiv, Bild 146-1973-010-11 / CC-BY-SA 3.0 DE (oben), Bundesarchiv, Bild 183-S33882 / Unknown / CC-BY-SA 3.0 (Hitler), Bundesarchiv, Bild 183-S72707 / CC-BY-SA 3.0 (Himmler), gemeinfrei (Göhring), Bundesarchiv, Bild 183-1989-0821-502 / CC-BY-SA 3.0 (Goebbels), Bundesarchiv, Bild 146-1976-127-06A / CC-BY-SA 3.0 (Dönitz), Bundesarchiv, Bild 183-H30220 / CC-BY-SA 3.0 (Keitel); S. 29: © gemeinfrei (oben und unten); S. 30: © San Jose (oben), gemeinfrei (unten); S. 31: © Eric Gaba (Karte), Bundesarchiv, Bild 183-H25217 / CC-BY-SA 3.0 (Pétain); S. 32: © Eric Gaba (oben), gemeinfrei (unten); S. 33/34: © Bundesarchiv, Bild 101I-265-0003-08A / Moosdorf [Mossdorf] / CC-BY-SA 3.0 (oben), Bundesarchiv, Bild 183-F0316-0204-005 / CC-BY-SA 3.0 (unten); S. 35/36: © Bundesarchiv, Bild 183-Z0309-310 / G. Beyer / CC-BY-SA 3.0 (oben), gemeinfrei (unten); S. 37/38: © Bundesarchiv, Bild 102-16748 / Georg Pahl / CC-BY-SA 3.0 (oben links), gemeinfrei (oben rechts), Bundesarchiv, Bild 183-R99542 / CC-BY-SA 3.0 (unten); S. 39: © Bundesarchiv, Bild 146-1970-083-44 / Friedrich, H. / CC-BY-SA 3.0 (oben), gemeinfrei (unten); S. 40: © Bundesarchiv, Bild 146-1970-083-44 / Friedrich, H. / CC-BY-SA 3.0 (oben), Zbyszko Siemaszko (unten); S. 41: © WW2-Holocaust-Europe.png: User:Dna-Dennis (oben), National Photo Collection of Israel (unten); S. 42: © gemeinfrei (oben), National Photo Collection of Israel (unten); S. 43/44: © gemeinfrei; S. 45/46: © gemeinfrei (Geschwister Scholl), Bundesarchiv, Bild 183-C0716-0046-003 / CC-BY-SA 3.0 (unten); S. 47/48: © gemeinfrei (oben), Bundesarchiv, Bild 146-1989-107-24 / Koll / CC-BY-SA 3.0 (unten); S. 49/50: © gemeinfrei (oben), Bundesarchiv, Bild 101II-MW-5613-03A / Tews / CC-BY-SA 3.0 (unten); S. 51/52: © gemeinfrei (Mussolini), Bundesarchiv, Bild 146-1973-012-43 / Unknown / CC-BY-SA 3.0 (Rommel), gemeinfrei (Hirohito), gemeinfrei (Tōjō); S. 53-58: © gemeinfrei; S. 59/60: © gemeinfrei (oben), Bundesarchiv, Bild 183-R77767 / Berlin, Rotarmisten Unter den Linden CC-BY-SA (unten); S. 61/62: © Bundesarchiv, Bild 183-1987-0724-503 / CC-BY-SA 3.0 (Familie Goebbels), Rest gemeinfrei; S. 63/64: © 52 Pickup (Deutschland), C.Lingg (Österreich)

Vorwort zum Lernmodul

Sehr geehrte Kollegen und Kolleginnen,

der Zweite Weltkrieg, als eine der einschneidendsten Epochen der jüngeren Geschichte, bietet tiefgehende Einblicke in die politischen, gesellschaftlichen und menschlichen Erfahrungen dieser Zeit. Dieses Heft ist Teil eines umfassenden Lernmoduls, das Sie durch zentrale Themen führt – von den Ursachen und dem Verlauf des Krieges bis hin zu seiner Bedeutung für die Gegenwart und die Notwendigkeit des Erinnerns.

Das Stationenlernen fördert sowohl das eigenständige Arbeiten als auch die Entwicklung methodischer Kompetenzen. Die Schülerinnen und Schüler durchlaufen verschiedene Stationen, bearbeiten unterschiedliche Aufgabentypen und setzen sich auf vielfältige Weise mit den zentralen Fragen des Zweiten Weltkriegs auseinander. Die Materialien eignen sich hervorragend für offenen Unterricht, Projektphasen oder auch für Vertretungsstunden.

Das Besondere an diesem Band ist der praxisorientierte Aufbau der Aufgaben: Jede Karte enthält auf der Vorderseite einen Infotext und einen Arbeitsauftrag, während ein Lösungsvorschlag direkt auf der Rückseite zu finden ist. So können die Materialien flexibel eingesetzt werden – einzeln laminiert und ausgeschnitten oder als ganze Seiten. Durch die Laminierung bleiben sie über Jahre hinweg nutzbar und stellen damit eine nachhaltige Ergänzung für Ihren Unterricht dar.

Die Stationen decken verschiedene Themenfelder des Zweiten Weltkriegs ab – von den politischen Entwicklungen über das Leben im Kriegsalltag bis hin zu den Folgen und Lehren für die Nachkriegszeit. Einzelne Karten lassen sich zudem gezielt als Kurztests oder für individuelle Förderphasen nutzen. Das Stationenlernen ermöglicht so eine Differenzierung nach Lerntempo und Leistungsstand und stärkt die Eigenverantwortung der Schülerinnen und Schüler.

Das Heft ist in folgende Bereiche aufgeteilt:

- Vorkriegsjahre
- Adolf Hitler – Sein Kampf
- Kriegsvorbereitungen – Das Ausland sieht tatenlos zu
- Organisationen der NS-Diktatur
- Der Krieg in Europa
- Das Grauen der NS-Zeit
- Der deutsche Widerstand
- Der weltweite Krieg
- Das Ende des Krieges

Vorwort zum Lernmodul

Differenzierung der Aufgaben:

Innerhalb der Bereiche gibt es drei Schwierigkeitsstufen zur Differenzierung. Die Aufgaben zum grundlegenden Niveau sollten von allen Schülern bearbeitet werden. Aufgaben mit mittlerem Niveau bieten Erweiterungen und höhere Anforderungen als das grundlegende Niveau. Die Aufgaben des erweiterten Niveaus sind sogenannte Expertenaufgaben und enthalten vertiefende oder weiterführende Inhalte. Je nach Leistungsstand können Sie jedoch problemlos Stationen anders kennzeichnen.

⊙	grundlegendes Niveau	!	mittleres Niveau	★	erweitertes Niveau

Fazit:

Der Zweite Weltkrieg ist nicht nur eine Geschichte von Zerstörung und Leid, sondern auch eine Geschichte von Verantwortung, Erinnerung und der Hoffnung auf Frieden. Er zeigt uns, wie gefährlich Krieg, Ausgrenzung und Machtmissbrauch sein können – und wie wichtig es ist, Menschlichkeit, Verständigung und Freiheit zu bewahren. Aus dieser schweren Zeit können wir viel lernen, damit sich solches Leid nicht wiederholt.

Wir wünschen viel Erkenntnis und Nachdenklichkeit auf dieser historischen Reise in die Zeit des Zweiten Weltkriegs!

Das Team des Kohl-Verlags und

Stefan Lamm

Lernmodul

Lernmodul: *Effektiv und nachhaltig unterrichten!*

Ob im Klassenzimmer oder zu Hause, das Lernmodul bietet Lehrern und Schülern die perfekte Unterstützung, um den Lernstoff effektiv und nachhaltig zu vermitteln und zu verstehen ... unser Lösungsansatz, der den Unterricht auf ein neues Level hebt!

Jedes Lernmodul ist in verschiedene Bausteine unterteilt, die nahtlos aufeinander aufbauen. Dieser **modulare Aufbau** kann sich bspw. aus Tafelbildern (visuelle Hilfsmittel, die komplexe Sachverhalte einfach und verständlich darstellen), den dazu passenden Arbeitsblättern (praktische Übungen, die das Gelernte festigen) und Basics-Trainern (Festigen das Grundlagenwissen mit speziellen Trainingsmaterialien beim häuslichen Üben oder für Vertretungsstunden) zusammensetzen. Die Lerntheken bieten vertiefendes Wissen und weiterführende Aufgaben. Darüber hinaus können sich Lernzielkontrollen (überprüfen der Lernerfolge mit gezielten Tests) oder sonstige Bausteine anschließen, die das jeweilige Thema aus individuellen Blickwinkeln beleuchten und bereichern.

Unsere Lernmodule bieten umfassendes Material für die Lehrkraft, das die Unterrichtsvorbereitung erleichtert und den Unterricht bereichert. Gleichzeitig erhalten Schüler hilfreiche Unterstützung, um den Lernstoff im Unterricht und zu Hause nachvollziehen und üben zu können. Unser Ziel ist es, nicht nur Wissen zu vermitteln, sondern auch nachhaltiges Lernen zu fördern. Durch die klare Struktur, die wiederkehrende graphische Gestaltung und die vielfältigen Materialien unterstützen unsere Lernmodule eine tiefergehende Auseinandersetzung mit dem Lernstoff und langfristige Lernerfolge.

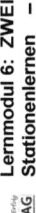

Übersicht

1 Vorkriegsjahre

Stationsname	Niveau	Seite
Die Machtergreifung 1933	⊙	9
Das Ermächtigungsgesetz 1933	!	9

2 Adolf Hitler – Sein Kampf

Stationsname	Niveau	Seite
Adolf Hitler – Kindheit und Jugend (1889-1913)	⊙	11
Adolf Hitler – Aufstieg und Fall des Diktators (1913-1945)	⊙	11
Die politischen Ziele Hitlers	⊙	13
Hitlers „Rassenwahn"	!	13
Hitlers „Germania"	★	15

3 Kriegsvorbereitung – Das Ausland sieht tatenlos zu

Stationsname	Niveau	Seite
Nürnberger Reichsparteitage ab 1934	!	15
Die Neugründung der Wehrmacht 1935	⊙	17
Der Einsatz im Spanischen Bürgerkrieg 1936-1939	★	17
Der Einmarsch ins Rheinland 1936	!	19
Der Anschluss Österreichs 1938	!	19
Die Appeasement-Politik zur Tschechoslowakei 1938	!	21

4 Organisationen der NS-Diktatur

Stationsname	Niveau	Seite
Hitlerjugend und Bund Deutscher Mädel	⊙	21
Geheime Staatspolizei – Gestapo	⊙	23
Die Wehrmacht	!	23
Sturmabteilung – SA	★	25
Schutzstaffel – SS	★	25
Lebensborn e.V.	★	27

5 Der Krieg in Europa

Stationsname	Niveau	Seite
Die führenden Köpfe der NS-Diktatur	!	27
Der Überfall auf Polen 1939	⊙	29
Der Angriff auf Dänemark und Norwegen 1940	!	29
Der Blitzkrieg gegen Frankreich 1940	⊙	31
Die Luftschlacht um England 1941	★	31
Operation „Barbarossa" 1941	★	33
Die Sommeroffensive 1942 – Die Hölle von Stalingrad	!	33
Der alliierte Luftkrieg gegen Deutschland 1942	!	35

Übersicht

6 Das Grauen der NS-Diktatur

Stationsname	Niveau	Seite
„Deutschblütigkeit"	★	35
Eugenik – Aktion T4	★	37
Die Qualen der Juden ab 1933	!	37
Reichskristallnacht 1938	⊙	39
Das Warschauer Ghetto	!	39
Der geplante Holocaust – Die Endlösung?	⊙	41
Himmlers rechte Hand – Adolf Eichmann	!	41
Dr. Tod – Der KZ-Arzt Dr. Josef Mengele	★	43

7 Der Widerstand

Stationsname	Niveau	Seite
Hat sich denn keiner gewehrt?	⊙	43
Der zivile Widerstand – „Die weiße Rose"	⊙	45
Der militärische Widerstand – Claus Schenk Graf von Stauffenberg	!	45
Die Rote Kapelle	!	47
Widerstand im besetzten Ausland	!	47

8 Der weltweite Krieg

Stationsname	Niveau	Seite
Die führenden Köpfe der Alliierten	!	49
Der U-Bootkrieg	★	49
Der Afrikafeldzug	★	51
Die Rolle Japans	!	51
Pearl Harbor 1941 – Die USA treten in den Krieg ein	⊙	53
Der totale Krieg ab 1943	⊙	53
D-Day – Die Landung in der Normandie 1944	⊙	55

9 Das Ende des Krieges

Stationsname	Niveau	Seite
Casablanca & Teheran – Die Anti-Hitler-Koalition	!	55
Der Morgenthau-Plan	⊙	57
Deutschland ist umzingelt – Krieg an allen Fronten	⊙	57
Die Befreiung der Konzentrationslager	⊙	59
Die Schlacht um Berlin 1945	⊙	59
Hitlers letzte Stunden im Führerbunker	!	61
Die Nürnberger Prozesse	⊙	61
Die Teilung Deutschlands	⊙	63
Zahlen & Fakten zum 2. Weltkrieg	★	63

Name: _____ Datum: _____

Stationen-Laufzettel

⊙ Grundlegendes Niveau

Station	Stationsname	erledigt	korrigiert

! Mittleres Niveau

Station	Stationsname	erledigt	korrigiert

★ Erweitertes Niveau

Station	Stationsname	erledigt	korrigiert

Die Machtergreifung 1933

Vorkriegsjahre

Am 30. Januar 1933 wurde Adolf Hitler zum Reichskanzler ernannt. Er begann unverzüglich damit, seine Macht zum uneingeschränkten Herrscher auszubauen. Seine politischen Gegner wurden brutal bekämpft. Die wichtigsten Stationen in diesem Prozess waren:

- Nach dem Brand des Reichstagsgebäudes in der Nacht vom 27. auf den 28. Februar 1933 (angeblich von Kommunisten gelegt), reagierte Hitler mit der **„Verordnung des Reichspräsidenten zum Schutze von Volk und Staat"**.
- Meinungs-, Presse-, Vereins- und Versammlungsfreiheit wurde außer Kraft gesetzt.
- Brief- und Fernmeldegeheimnis wurden außer Kraft gesetzt.
- Politische Gegner, insbesondere Kommunisten und Sozialdemokraten wurden verhaftet und inhaftiert.

Aufgabe 1: *Nur einen Monat nach der Machtergreifung brannte das Reichstagsgebäude. Angeblich wurde der Brand von Kommunisten gelegt. Welche Vorteile brachte es Hitler, dass der Reichstag brannte?*

Aufgabe 2: *Warum setzte Hitler mehrere Grundrechte außer Kraft?*

Nach seiner Ernennung zum Reichskanzler verlässt Adolf Hitler im Auto die Reichskanzlei.

Das Ermächtigungsgesetz 1933

! **Vorkriegsjahre**

Am 23. März 1933, also 52 Tage nach der Machtergreifung, verabschiedeten die Nationalsozialisten das Ermächtigungsgesetz. Bisher war für ein neues Gesetz die Zustimmung von Reichstag und Reichsrat sowie die Unterschrift des Reichspräsidenten notwendig. Am Tag der Abstimmung verfügte die NSDAP über etwa 44 % der Sitze im Reichstag. Für eine Gesetzesänderung war bis dahin die Zweidrittelmehrheit erforderlich. Die Sozialdemokraten stimmten gegen das Gesetz, sodass neben der Regierungskoalition unter Führung der NSDAP vor allem die Stimmen der Zentrumspartei ausschlaggebend waren. Hitler ließ bei der Abstimmung bewaffnete SA- und SS-Männer im und um das Tagungsgebäude aufmarschieren, offiziell zum Schutz der Sitzung. Mit dem Ermächtigungsgesetz erhielt Hitler die Befugnis, allein Gesetze zu erlassen, auch ohne Zustimmung des Parlaments.

Aufgabe 1: *Wie konnte die deutsche Regierung dem Ermächtigungsgesetz zustimmen?*

Aufgabe 2: *Welche Auswirkungen hatte das Ermächtigungsgesetz?*

Sitzung des Deutschen Reichstags am 23. März 1933 im Berliner Krolloper-Gebäude, bei der das Ermächtigungsgesetz verabschiedet wurde.

Die Machtergreifung 1933

Vorkriegsjahre

Lösungen

Aufgabe 1: Das Reichstagsgebäude war der Sitz der Regierung. Der Brand dieses Gebäudes war eindeutig Brandstiftung, die wahren Täter aber sind bis heute unbekannt. Der niederländische Kommunist Marinus van der Lubbe wurde beschuldigt und zum Tode durch das Fallbeil verurteilt. Der Brand wurde von den Nationalsozialisten propagandistisch genutzt, um Angst vor einem angeblichen kommunistischen Umsturz zu schüren. Er beschuldigte seine politischen Gegner und legitimierte damit seine Behauptungen. Hitler konnte seine politischen Maßnahmen nun als Reaktion auf den Brand tarnen, mit dem Zweck, dass er nur das Volk beschützen möchte. Die politischen Gegner Hitlers wurden als Kriminelle eingestuft und konnten nun rechtmäßig bekämpft werden.

Aufgabe 2: Hitler setzte unter anderem die Meinungs-, Presse-, Vereins- und Versammlungsfreiheit außer Kraft. Dadurch wollte Hitler verhindern, dass sich andersdenkende Deutsche austauschen konnten. Regimekritiker sollten so mundtot gemacht werden. Neben der öffentlichen Meinungsäußerung wurde auch die private Meinungsfreiheit beschnitten, indem das Brief- und Fernmeldegeheimnis außer Kraft gesetzt wurden. Jeder Zweifel an der Richtigkeit der Politik Hitlers sollte im Keim erstickt werden.

Das Ermächtigungsgesetz 1933

Vorkriegsjahre

Lösungen

Aufgabe 1: Am 23. März 1933 wurde im Reichstag das Ermächtigungsgesetz erlassen. Durch die bedrohliche Anwesenheit der uniformierten und bewaffneten SA- und SS-Männer ließen sich mehrere Politiker der Opposition einschüchtern. Die Sozialdemokraten stimmten gegen das Gesetz. Die Zentrumspolitiker stimmten nach politischen Zusicherungen Hitlers zu. Die Mehrheit konnte erreicht werden und somit trat das Gesetz in Kraft.

Aufgabe 2: Bisher galt in der Weimarer Republik die Gewaltenteilung. So war für eine Gesetzesänderung die Zustimmung des Reichstags und Reichsrates, sowie des Reichspräsidenten notwendig. Die Trennung der gesetzgebenden (Legislative) und ausführenden (Exekutive) Gewalt war gewährleistet. Das Ermächtigungsgesetz setzte diese Gewaltenteilung außer Kraft. Hitler konnte unkontrolliert Gesetze erlassen. Erst mit dem Ermächtigungsgesetz konnte Hitler zum alleinherrschenden Diktator werden.

Adolf Hitler – Kindheit und Jugend (1889-1913) ⊙

Adolf Hitler – Sein Kampf

Am 20. April 1889 wurde Adolf Hitler als Sohn des Zollbeamten Alois Hitler (bis 1876 noch Alois Schicklgruber) und seiner Frau Klara (geb. Pölzl) in Braunau am Inn (Oberösterreich) geboren. Nur seine jüngere Schwester Paula Hitler (1896–1960) erreichte das Erwachsenenalter. Nach dem Tod des Vaters 1903 verschlechterte sich die Lebenssituation der Familie. 1905 verließ Adolf Hitler ohne Schulabschluss die Realschule in Steyr und kümmerte sich bis zum Tod seiner krebskranken Mutter im Jahr 1907 um sie. Anschließend zog er nach Wien, wo er sich zweimal vergeblich an der Kunstakademie bewarb. Anfangs lebte er von einem Erbteil, danach führte er ein unstetes Leben ohne festen Wohnsitz, zeitweise auch im Obdachlosenasyl, und verdiente seinen Lebensunterhalt mit Gelegenheitsarbeiten. Die Erfahrungen in der multikulturellen Hauptstadt und die Lektüre antisemitischer Schriften prägten Hitlers Weltanschauung und seinen radikalen Antisemitismus sowie seine Feindschaft gegenüber Marxismus und Liberalismus. Um dem Wehrdienst in der österreichisch-ungarischen Armee zu entgehen, wanderte Hitler am 24. Mai 1913 nach München aus.

A. Hitler (um 1890)

A. Hitler (1889-1945)

Aufgabe:
Erstelle einen Steckbrief zur Person Adolf Hitler und gestalte eine Karikatur seiner Person mit den unverwechselbaren Markmalen. Nutze auch das Internet.

Adolf Hitler – Aufstieg und Fall des Diktators (1913-1945) ⊙

Adolf Hitler – Sein Kampf

1914 meldete sich Hitler freiwillig zum Kriegsdienst im Ersten Weltkrieg und diente als Meldegänger. 1916 wurde er bei der Schlacht an der Somme verwundet. Nach dem Krieg trat er der Deutschen Arbeiterpartei (DAP) bei, aus der später die NSDAP entstand. Beim gescheiterten Hitler-Ludendorff-Putsch 1923 wurde er verhaftet und zu fünf Jahren Haft verurteilt, aber nach neun Monaten entlassen. In dieser Zeit verfasste er „Mein Kampf", in dem er seine rassistische Ideologie darlegte. Nach seiner Haft strebte er den politischen Aufstieg an. Die Weltwirtschaftskrise 1929 stärkte radikale Parteien wie die NSDAP. 1933 wurde Hitler zum Reichskanzler ernannt. 1939 begann er den Zweiten Weltkrieg. Als die Niederlage Deutschlands unabwendbar war, beging er am 30. April 1945 im Berliner Führerbunker Selbstmord.

US-Titelseite vom 02.05.1945

Aufgabe:
Am 02. Mai 1945 erschien diese Titelseite in der US-amerikanischen Zeitung „Stars and Stripes" und verkündete den Tod Hitlers. Versetze dich in die Lage eines Angehörigen eines Soldaten. Beschreibe die Gefühle, die diese Titelseite im amerikanischen Volk und weltweit wohl ausgelöst hat.

Adolf Hitler – Kindheit und Jugend (1889-1913)

Adolf Hitler – Sein Kampf

Lösungen

Aufgabe: typische Merkmale für die Karikatur: schmaler Oberlippenbart, schwarze Haare, streng gezogener Scheitel rechts, Uniform

- Geb. am 20. April 1889 in Braunau am Inn (Österreich)
- Verließ die Realschule ohne Schulabschluss
- Nach dem Tod seiner Mutter 1907 lebte Hitler ohne engen Familienanschluss.
- Er möchte Kunstmaler werden, wird aber von der Kunstakademie Wien abgelehnt.
- 1913 zog er nach München, wo er seinen Lebensunterhalt mit dem Verkauf von Aquarellen bestreiten wollte.
- 1914 meldet er sich freiwillig zum bayrischen Militär, um dann bis 1918 am Ersten Weltkrieg teilzunehmen. Er erlitt in der Schlacht an der Somme eine Kriegsverletzung.
- 1919 wurde er Mitglied der rechtslastigen DAP.
- 1920 wandelt er die DAP in die NSDAP um.
- 1923 scheitert der Hitler-Ludendorff-Putsch in München, Hitler kommt in Haft.
- Er wird wegen Landesverrats zu 5 Jahren Haft verurteilt, kommt aber nach 9 Monaten wegen guter Führung auf freien Fuß. In der Haftzeit schrieb er sein Buch "Mein Kampf".
- Am 30. Januar 1933 wird er zum Reichskanzler ernannt.
- Am 30. April 1945 stirbt Hitler im Führerbunker in Berlin durch Selbstmord.

A. Hitler (1889-1945)

Adolf Hitler – Aufstieg und Fall des Diktators (1913-1945)

Adolf Hitler – Sein Kampf

Lösungen

Aufgabe: individuelle Lösung.

Hintergrundinformation:

In den Kriegsjahren 1939 bis 1945 starben weltweit etwa 80 Millionen Menschen direkt oder indirekt durch die Folgen des Krieges. Man kann davon ausgehen, dass die meisten Menschen zur damaligen Zeit, sei es bei den Achsenmächten oder bei den Alliierten, mindestens einen Menschen kannten, der in diesen Jahren den Tod fand. Das Leid und die Trauer waren allgegenwärtig. Nach der gelungenen Landung in der Normandie 1944 und dem schnellen Vorrücken der Alliierten in den letzten Kriegsmonaten 1945 keimte die Hoffnung auf ein baldiges Ende des Krieges. Die Nachricht vom Tod Hitlers konnte zweierlei Reaktionen auslösen. Zum einen die Freude über das baldige Kriegsende, zum anderen aber auch Enttäuschung, dass Hitler nicht lebend gefangen werden konnte. Durch seinen Suizid entzog sich Hitler der Verantwortung. Er musste nie für seine Taten Rechenschaft ablegen.

Die politischen Ziele Hitlers

Adolf Hitler – Sein Kampf

Hitlers politische Ziele waren klar definiert und umfassten sowohl innen- als auch außenpolitische Bereiche. Vorrangig strebte er die Abschaffung der Weimarer Demokratie und die Errichtung einer Diktatur an. Die Auflösung des Versailler Vertrags, insbesondere die Beendigung der Reparationszahlungen, gehörte zu seinen außenpolitischen Hauptzielen. Innenpolitisch verfolgte er die Ausschaltung von politischen Gegnern wie Kommunisten und Sozialdemokraten sowie die systematische Diskriminierung und Verfolgung der jüdischen Bevölkerung, die er fälschlich für die wirtschaftlichen und gesellschaftlichen Probleme verantwortlich machte. Durch Maßnahmen zur Senkung der Arbeitslosigkeit wollte er Unterstützung in der Bevölkerung gewinnen. Sein Ziel, „Lebensraum im Osten" zu erobern, offenbarte schon früh seine expansive und gewaltsame Politik.

Aufgabe 1:
Erkläre den Begriff „Reparationszahlung".

Aufgabe 2:
Nenne die klar formulierten Ziele Hitlers.

Aufgabe 3:
Welche Personengruppen machte Hitler für die wirtschaftliche Lage Deutschlands verantwortlich und wie wollte er für Abhilfe sorgen.

Aufgabe 4:
Warum fielen Hitlers Pläne gerade in den 1920er Jahren auf fruchtbaren Boden und riefen eine so große Begeisterung in der Bevölkerung aus?

Hitlers „Rassenwahn"

Adolf Hitler – Sein Kampf

Bereits in seiner 1925/1926 veröffentlichten Propagandaschrift **Mein Kampf** legte Hitler seine rassistische Ideologie offen. Er teilte die Menschheit in „Arier" und „Nichtarier" ein. Die Deutschen betrachtete er als „Herrenvolk", das sich auf Kosten angeblich „minderwertiger Rassen" ausbreiten dürfe. Der Angriff auf die Sowjetunion diente nicht nur dem Kampf gegen den Bolschewismus, sondern sollte auch den geplanten „Lebensraum im Osten" sichern. Die eroberten Gebiete sollten „germanisiert" und ihre Bevölkerung unterdrückt oder vernichtet werden. Hitlers Ziel war ein großgermanisches Reich. Um die sogenannte „Reinrassigkeit" des deutschen Volkes zu sichern, wurden Juden, Sinti und Roma als „Fremdrassen" stigmatisiert, entrechtet, verfolgt und später systematisch ermordet. Anfangs mit Berufsverboten belegt, wurden sie schließlich in Konzentrationslager deportiert. Heute geht man davon aus, dass allein aus diesen drei Gruppen über sechs Millionen Menschen im Holocaust ermordet wurden. Auch Menschen mit Behinderungen, psychischen Erkrankungen, Homosexuelle, Alkoholkranke und Prostituierte wurden in sogenannten Heilanstalten zwangsweise untergebracht und im Rahmen der nationalsozialistischen „Euthanasie"-Programme ermordet. Über 100.000 Behinderte fielen diesem Verbrechen zum Opfer, das zynisch als „Rassenhygiene" bezeichnet wurde.

Verhaftung einiger Sinti

Aufgabe 1: Nenne die Zielgruppen, die dem Rassenwahn (Eugenik) zum Opfer fielen.

Aufgabe 2: Erkläre den Begriff „Eugenik" mit eigenen Worten.

Aufgabe 3: Seit 1941 war es Juden verboten, aus Deutschland auszuwandern. Deutschen, die Juden versteckten, drohte die Hinrichtung. Denunziationen waren an der Tagesordnung. Schreibe deine Meinung zu diesen Lebensumständen auf.

Die politischen Ziele Hitlers

Adolf Hitler – Sein Kampf

Lösungen

Aufgabe 1: Reparationen sind Schadensersatzzahlungen, die von einem besiegten Land für entstandene Kriegsschäden an die Siegermacht bezahlt werden müssen. Die Lasten des Krieges werden dem Verlierer aufgelegt und werden zumeist im Friedensvertrag festgehalten.

Aufgabe 2:
- Beseitigung der Weimarer Demokratie
- Ausschaltung politischer Gegner und Parteien
- Auflösung des Versailler Vertrages und Einstellung der Reparationszahlungen
- Verfolgung und Ausschluss der Juden, Kommunisten und Sozialdemokraten
- Bekämpfung der Arbeitslosigkeit
- Schaffung neuen Lebensraumes im Osten Europas

Aufgabe 3: Juden, Kommunisten und Sozialdemokraten. Er ließ sie verhaften und aus dem öffentlichen Leben entfernen. So bekamen jüdische Ärzte beispielsweise Berufsverbot. Auch andere Gruppen wie Sinti und Roma, Homosexuelle, Menschen mit Behinderungen wurden verfolgt.

Aufgabe 4: Hitler versprach den Arbeitslosen neue Stellen. Die Kriegsveteranen fühlten sich durch den Versailler Vertrag benachteiligt. Dieser Vertrag schob Deutschland die Alleinschuld am Krieg zu. Die Veteranen fühlten sich im eigenen Land als Verlierer. Sie schlossen sich bereitwillig Hitlers Ideen an.

Hitlers „Rassenwahn"

Adolf Hitler – Sein Kampf

Lösungen

Aufgabe 1:
- „lebensunwerte Menschen", wie Behinderte, Geisteskranke, Homosexuelle, Prostituierte, Alkoholiker (u. a. bekannt als „Aktion T4")
- „fremdrassige/minderwertige Menschen", wie Juden, Sinti und Roma

Aufgabe 2: Als Eugenik bezeichnet man die Bemühungen, die „Qualität" der Menschen zu verbessern. Hitlers Regime setzte diese Bemühungen dahingehend um, dass es Menschen, die als „minderwertig" gebrandmarkt wurden, zwangssterilisierte oder direkt ermordete. Somit sollte verhindert werden, dass sich diese Personengruppen weiter vermehren konnten. Hitler wollte diese Gruppen komplett auslöschen. Die Deutschen mussten einen „Ariernachweis" erbringen. Nur wer nachweislich keine Juden in seiner Ahnenreihe hatte, galt als Arier. Menschen mit jüdischen Vorfahren, sogenannte „Mischlinge" wurden nach dem Grad der „Verunreinigung" eingeteilt.

Aufgabe 3: individuelle Lösungen

Hitlers „Germania"

Adolf Hitler – Sein Kampf

Hitlers Größenwahn zeigt sich auch in seinen Plänen zur Neugestaltung Berlins als Welthauptstadt „Germania". Das Bild zeigt ein Gipsmodell der Entwürfe von Albert Speer, Hitlers Hauptarchitekt für den Umbau Berlins. Im Vordergrund ist der geplante Südbahnhof zu sehen. Von dort sollte eine 100 Meter breite Paradestraße durch einen Triumphbogen zu Ehren der im Ersten Weltkrieg gefallenen deutschen Soldaten zur Großen Halle führen. Dieses Gebäude sollte mit 315 mal 315 Metern Grundfläche und einer Höhe von 320 Metern das größte Kuppelgebäude der Welt werden. In der Halle hätten 180.000 Menschen Platz gefunden. Man diskutierte sogar, dass der Atem der Besucher an der Kuppeldecke kondensieren und als „Regen" wieder herabfallen könnte. An der Stelle der geplanten Großen Halle steht heute das Bundeskanzleramt. Die Umsetzung der Pläne war jedoch fraglich, da das enorme Gewicht der Bauwerke für den Berliner Boden problematisch gewesen wäre.

A. Speer (1905-1981)

Aufgabe 1:

Erkundige dich über Albert Speer, den Architekten von „Germania" und gestalte einen Steckbrief.

Aufgabe 2:

Betrachte das Bild des Gipsmodells. Welchen Zweck wollten Hitler und Speer mit der Verwirklichung von Germania erreichen?

Nürnberger Reichsparteitage ab 1934 !

Kriegsvorbereitung – Das Ausland sieht tatenlos zu

„(...) eine Führung, die nicht im Volk ein Objekt der Betätigung erblickt, sondern die im Volke lebt, mit dem Volke fühlt und für das Volk kämpft. Formen und Einrichtungen kommen und mögen vergehen. Was aber bleibt und bleiben soll, ist diese lebende Substanz aus Fleisch und Blut, erfüllt mit ihrem eigenen Wesen, so wie wir unser Volk kennen und lieben. In der Dauer seiner Existenz liegt auch die Dauer unseres Fortlebens auf dieser Welt. Wir aber wünschen dem deutschen Volke eine irdisch endlose Erhaltung und glauben durch unseren Kampf dafür nur den Befehl des Schöpfers zu erfüllen, der in das Innere aller Wesen den Trieb der Selbsterhaltung senkte. Es lebe unser Volk! Es lebe die nationalsozialistische Partei!" (Zitat aus einer Rede von Adolf Hitler zum Reichsparteitag in Nürnberg)

Aufgabe 1:

Betrachte das Bild vom Nürnberger Parteitag genau. Welchem Zweck dienten die Reichsparteitage?

Aufgabe 2:

Welchen Zweck verfolgt Hitler mit seiner Rede?

Aufgabe 3:

Am Ende seiner Rede spricht Hitler vom „Befehl des Schöpfers" und vom „Trieb der Selbsterhaltung". Was wollte er damit sagen?

Hitlers „Germania"

Adolf Hitler – Sein Kampf

Lösungen

Aufgabe 1:
- Geb. am 19. März 1905 in Mannheim
- Studierte in Karlsruhe, München und Berlin Architektur
- Ab 1937 Generalbauinspektor für die Reichshauptstadt
- Ab 1942 Reichsminister für Rüstung und Kriegsproduktion
- Albert Speer wurde in den Nürnberger Prozessen 1946 wegen seiner Kriegsverbrechen und Verbrechen gegen die Menschlichkeit zu 20 Jahren Haft verurteilt.
- Er saß die gesamte Haft im Kriegsverbrechergefängnis Spandau ab.
- Nach der Haft lebte er in seiner Heidelberger Villa.
- Am 01. September 1981 starb Albert Speer im Alter von 76 Jahren in einem Londoner Hotelzimmer an den Folgen eines Schlaganfalls. Er hatte kurz zuvor noch ein Interview gegeben.

A. Speer (1905-1981)

Aufgabe 2: Germania diente als Machtdemonstration. Hitler wollte späteren Besuchern seine Macht und die Stärke Deutschlands präsentieren. Germania und vor allem die große Halle sollten einschüchternd wirken.

Nürnberger Reichsparteitage ab 1934

Kriegsvorbereitung – Das Ausland sieht tatenlos zu

Lösungen

Aufgabe 1: Die Reichsparteitage dienten der Propaganda. Mehrere Tausend Anhänger der Nazi-Bewegung nahmen aktiv an den Veranstaltungen teil. Fester Bestandteil der Reichsparteitage waren Aufmärsche von HJ, BDM, SS und SA. Der Höhepunkt der Veranstaltung war die religionsähnlich anmutende Ausrichtung auf Adolf Hitler. Er hielt lange Reden, in denen er seine Weltanschauung zum Ausdruck brachte. Regelmäßig wurden die Reichsparteitage auch genutzt, um neue Gesetze vorzustellen, so beispielsweise die Nürnberger Rassengesetze „zum Schutz des deutschen Blutes".

Aufgabe 2: Hitler sprach gezielt das deutsche Volk an. Er sprach also jedes Mitglied seiner Zuhörerschaft direkt an. Er stellt sich selbst als ersten Diener am deutschen Volk dar. „Formen und Einrichtungen" können kommen und vergehen, das Volk aber bleibt. Das wichtigste Ziel sei es, alles für das Wohl des Volkes zu tun. In den harten Jahren nach dem 1. Weltkrieg und der Weltwirtschaftskrise 1929 sehnte sich das deutsche Volk nach Anerkennung. Diese Situation nutze Hitler für seine Zwecke.

Aufgabe 3: Hitler stellte seine Kriegsabsicht als Form der Selbsterhaltung dar. Der deutsche Kampf gegen andere Völker sei der Befehl und Wunsch des Schöpfers, also Gottes Wille.

Die Neugründung der Wehrmacht 1935

Kriegsvorbereitung – Das Ausland sieht tatenlos zu

Der Versailler Vertrag begrenzte die deutsche Reichswehr auf 100.000 Soldaten. Am 16. März 1935 erließ Hitler das „Gesetz über den Aufbau der Wehrmacht". Dieses Gesetz sah die Umbenennung der Reichswehr in Wehrmacht, die Wiedereinführung der allgemeinen Wehrpflicht sowie die Aufstockung auf 550.000 Mann in 36 Divisionen vor. Zusätzlich wurde der Aufbau einer Luftwaffe beschlossen. Zeitgleich bereitete sich das faschistische Italien auf den Krieg gegen Äthiopien (Oktober 1935 bis Mai 1936) vor. Auch die Krise zwischen Japan und China spitzte sich zunehmend zu.

Parade der Wehrmacht

Aufgabe 1:

Warum zeigten Frankreich und Großbritannien außer Protest keine nennenswerte Reaktion auf die Neugründung der Wehrmacht?

Aufgabe 2:

Wie reagierte das deutsche Volk auf die Neugründung der Wehrmacht?

Der Einsatz im Spanischen Bürgerkrieg 1936-1939

Kriegsvorbereitung – Das Ausland sieht tatenlos zu

Im Spanischen Bürgerkrieg von 1936 bis 1939 kämpfte die Legion Condor, eine Fliegerstaffel der deutschen Wehrmacht, verdeckt auf der Seite des faschistischen Generals Francisco Franco (1892–1975). Die Legion wurde 1936 unter strengster Geheimhaltung aufgestellt, nahm an allen wichtigen Schlachten teil und trug entscheidend zum Sieg Francos über die demokratisch gewählte Regierung Spaniens bei. Sie führte den ersten massiven Luftkrieg gegen die Zivilbevölkerung und beging damit erste Kriegsverbrechen der Wehrmacht. Berüchtigt wurde vor allem die völkerrechtswidrige Bombardierung der Stadt Guernica im Jahr 1937, bei der ein Großteil der Stadt zerstört und über etwa 300 Menschen getötet wurden.

Aufgabe 1:
Warum kämpfte die Legion Condor verdeckt?

Aufgabe 2:
Warum kämpften deutsche Wehrmachtssoldaten im spanischen Bürgerkrieg?

Aufgabe 3:
Welche Folgen hatte der Einsatz deutscher Soldaten für den Verlauf des spanischen Bürgerkriegs?

Die spanische Stadt Guernica nach der Bombardierung

Die Neugründung der Wehrmacht 1935

Kriegsvorbereitung – Das Ausland sieht tatenlos zu

Lösungen

Aufgabe 1: Frankreich und Großbritannien nahmen die Entwicklungen in Deutschland wahr und reagierten empört auf Hitlers Verstoß gegen den Versailler Vertrag. Wirkliche Reaktionen, wie wirtschaftliche Sanktionen oder militärische Drohungen blieben aus. Frankreich und Großbritannien setzten auf Appeasement-Politik und diplomatische Zurückhaltung. Zum einen hofften die Siegermächte, dass sich Hitler mit seinem neuen Militär, das an Stärke noch weit hinter der Schlagkraft der Siegermächte zurücklag, zufrieden geben würde. Zum anderen blickten Frankreich und Großbritannien mit Sorge auf die Entwicklung in China und Äthiopien. Die Siegermächte wollten verhindern, dass sich das faschistische Italien noch stärker an Hitler-Deutschland annäherte.

Aufgabe 2: Zu Beginn der Bemühungen Hitlers über eine Aufstockung des Militärs reagierte das Volk zwiespältig. Zum einen lagen die Erfahrungen des 1. Weltkrieges erst wenige Jahre zurück, zum anderen schmerzten die Sanktionen durch den Versailler Vertrag.

Der Einsatz im Spanischen Bürgerkrieg 1936-1939

Kriegsvorbereitung – Das Ausland sieht tatenlos zu

Lösungen

Aufgabe 1: Verdeckt zu kämpfen bedeutet, dass die Soldaten keine Hoheitszeichen auf der Uniform tragen. Die Soldaten der Legion Condor waren somit nicht offiziell als deutsche Soldaten zu erkennen. Somit konnte der Einsatz deutscher Truppen von Hitler verleugnet werden, um internationale Reaktionen zu vermeiden.

Aufgabe 2: Der Einsatz im spanischen Bürgerkrieg diente neben ideologischen Gründen hauptsächlich dem Zweck der Übung. Die Fliegerstaffel sollte Erfahrungen im Kriegseinsatz sammeln und dabei die neuesten Entwicklungen der deutschen Waffenindustrie im realen Einsatz testen.

Aufgabe 3: Durch die Unterstützung Francos durch die deutschen Truppen erreichte der militärische Putsch durch General Franco sein Ziel. Von 1939 bis zu seinem Tod 1975 regierte General Franco als Diktator in Spanien. Erst 1977 konnten die Spanier wieder in einer regulären, demokratischen Wahl ihr Parlament wählen und die Zeit der Diktatur war vorüber. Während der Kriegsjahre trat Francos Spanien offiziell als neutraler Staat in Europa auf. Hinter den Kulissen unterstützte er seinerseits Hitler an der Ostfront mit der Bereitstellung spanischer Soldaten der Blauen Division (División Azul).

Der Einmarsch ins Rheinland 1936

! Kriegsvorbereitung – Das Ausland sieht tatenlos zu

Nach dem Ersten Weltkrieg wurde ein breiter Streifen an der Westgrenze Deutschlands zu Frankreich und den Benelux-Ländern entmilitarisiert und von den Alliierten besetzt. Dieses Gebiet sollte als Sicherheitspuffer dienen. Am Morgen des 7. März 1936 rückten drei Bataillone der Wehrmacht ins Rheinland ein und „befreiten" wichtige deutsche Städte. Der Einmarsch wurde von der Bevölkerung begeistert begrüßt. Die Siegermächte protestierten zwar, unternahmen aber weder wirtschaftliche noch militärische Gegenmaßnahmen.

Aufgabe 1:
Aus welchem Grund hatten die Siegermächte gefordert, dass das Rheinland vollkommen entmilitarisiert wird? Betrachte hierzu die Grafik.

Aufgabe 2:
Wie wird sich das deutsche Volk nach dem erfolgreichen Einmarsch ins Rheinland und der fehlenden Reaktion der Siegermächte gefühlt haben?

Aufgabe 3:
Wie sind die weiteren Entwicklungen bis hin zum Zweiten Weltkrieg im Hinblick auf dieses Zitat Hitlers zu bewerten?

„Wären die Franzosen damals ins Rheinland eingerückt, hätten die Deutschen sich mit Schimpf und Schande wieder zurückziehen müssen, denn die militärischen Kräfte, über die sie verfügten, hätten keineswegs auch nur zu einem mäßigen Widerstand ausgereicht."

Der Anschluss Österreichs 1938

! Kriegsvorbereitung – Das Ausland sieht tatenlos zu

Im Versailler Vertrag musste Deutschland die Souveränität Österreichs anerkennen. Hitler plante jedoch seit langem die „Rückkehr" Österreichs ins Deutsche Reich. Auch in Österreich gab es nationalsozialistische Bewegungen. Bereits 1934 kam es zu einem rechten Putsch (Österreichischer Juliputsch), bei dem der damalige Bundeskanzler Engelbert Dollfuß, der die NS-Ideologie ablehnte, ermordet wurde. Der darauf folgende Kanzler Kurt Schuschnigg gab dem Druck Hitlers nach, sodass am 12. März 1938 deutsche Truppen unter tosendem Jubel der Wiener Bevölkerung einmarschierten. Hitler verstieß erneut gegen den Versailler Vertrag, doch die Westmächte reagierten erneut nicht.

Aufgabe:
Das Bild zeigt Grenzbeamte aus Deutschland und Österreich, die einen Schlagbaum an der Grenze demontieren. Das Bild wurde am 15. März 1938 aufgenommen. Diskutiert in kleinen Gruppen die Bedeutung dieses Bildes.

Der Einmarsch ins Rheinland 1936

Kriegsvorbereitung – Das Ausland sieht tatenlos zu

Lösungen

Aufgabe 1: Die Grafik zeigt, dass das Rheinland direkt an die ehemaligen Kriegsgegner angrenzt. Aufgrund der Erfahrungen des Ersten Weltkrieges (Stellungskrieg in Frankreich und Belgien) wollten Belgien, Frankreich und Großbritannien eine Pufferzone ohne militärische Bedeutung errichten. Somit würde ein Blitzkrieg Deutschland erschwert werden, da das Militär erst durch die Pufferzone hindurch marschieren müsste. Das würde den Siegermächten Zeit zur Verteidigung geben.

Aufgabe 2: Nachdem erneut keine Reaktion der Siegermächte erfolgte, schwamm das deutsche Volk auf einer Welle der Euphorie. Hitler galt als Befreier des Volkes. Ihn umgab die Aura des Unbesiegbaren. Die Siegermächte hatten derweil ihr Augenmerk auf die Entwicklungen des italienischen Angriffs auf Äthiopien auf dem afrikanischen Kontinent gelenkt und die Entwicklungen in Nazi-Deutschland als zweitrangig eingestuft.

Aufgabe 3: Mehrere deutsche Generäle äußerten sich ähnlich wie Hitler. Die militärische Stärke Frankreichs im Jahr 1936 war um ein Vielfaches größer als die Schlagkraft der einrückenden Wehrmacht. Eine militärische Antwort Frankreichs hätte Hitler eine empfindliche Niederlage beigebracht. Welche Auswirkungen eine solche Niederlage auf die Aura Adolf Hitlers oder die weiteren Entwicklungen in Nazi-Deutschland gehabt hätte, lässt sich heute nur schwer deuten.

Der Anschluss Österreichs 1938

Kriegsvorbereitung – Das Ausland sieht tatenlos zu

Lösungen

Aufgabe: individuelle Lösung

<u>Hintergrundinformation</u>

Auf dem Bild sieht man Zollbeamte beider Länder, die gemeinsam und mit strahlenden Gesichtern die Grenzbäume entfernen. Mit der Entfernung wurde auch symbolisch die Vereinigung beider Länder vollzogen. Vielerorts sprach man davon, dass Österreich nun „heimgekehrt" sei.

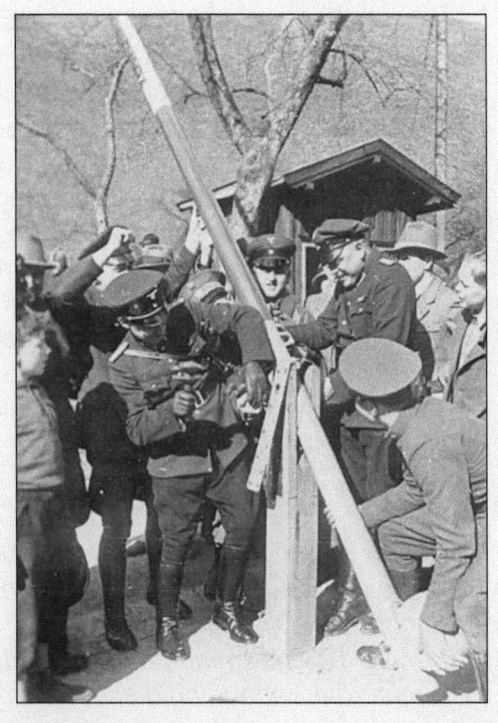

Die Appeasement* Politik zur Tschechoslowakei 1938

Kriegsvorbereitung – Das Ausland sieht tatenlos zu

Bei einem Treffen der Regierungschefs Großbritanniens (Neville Chamberlain), Frankreichs (Édouard Daladier) und Italiens (Benito Mussolini) mit Hitler am 30. September 1938 in München wurde im Rahmen des Münchener Abkommens die Eingliederung des Sudetenlandes in das Deutsche Reich genehmigt. Im Gegenzug versprach Hitler, auf weitere Gebietsansprüche gegenüber der Tschechoslowakei zu verzichten.

Das Bild zeigt Adolf Hitler bei einer Parade im Sudetenland. Diese Eingliederung wurde durch die Beschwichtigungspolitik der Westmächte ermöglicht.

Aufgabe:

Erkundige dich im Internet oder in Büchern über die Bedeutung der „Beschwichtigungspolitik". Wieso war diese Politik der Westmächte in der Sudetenfrage ein Erfolg für Hitler?

*appeasement (engl.) = Beschwichtigung

Hitler stehend im Auto bei der Fahrt durch Graslitz am 04. Oktober 1938

Hitlerjugend und Bund Deutscher Mädel

Organisationen der NS-Diktatur

Schon früh begannen die Nationalsozialisten, Kinder und Jugendliche gezielt für ihre Ideologie zu gewinnen – sie galten als die Soldaten von morgen. Jungen und Mädchen sollten möglichst früh NS-Organisationen wie der Hitlerjugend oder dem Bund Deutscher Mädel beitreten. Durch Sport, Gemeinschaftserlebnisse und paramilitärische Übungen wurden sie im Sinne des Nationalsozialismus geformt. Besonders Jungen erhielten eine vorwiegend militärische Erziehung, lernten den Umgang mit Waffen und nahmen an Geländeübungen teil.

Aufgabe 1: *Ordne die Begriffe in die Tabelle ein.*

Deutsches Jungvolk – Hitlerjugend (HJ) – Jungmädelbund – Bund Deutscher Mädel (BDM)

Alter	Jungen	Mädchen
10 - 14 Jahre		
14 - 18 Jahre		

Aufgabe 2:

Welches Ziel verfolgten die Nationalsozialisten damit, die Jugend mehr oder weniger zwangsweise in den verschiedenen Organisationen zusammenzufassen?

Aufgabe 3:

Welche Aufgaben erwarteten die Jungen und Mädchen, nachdem sie die Jugendorganisationen durchlaufen hatten?

Uniform der HJ

Die Appeasement Politik zur Tschechoslowakei 1938

Kriegsvorbereitung – Das Ausland sieht tatenlos zu

Lösungen

Aufgabe: Die Beschwichtigungspolitik (Appeasement) zielte darauf ab, Kompromisse einzugehen, um Hitler zufriedenzustellen. Der britische Premierminister Chamberlain rief eine Verhandlungsrunde in München ein. An diesem „Münchener Abkommen" vom 30. September 1938 nahmen neben Großbritannien und Deutschland auch Frankreich und Italien teil. Der geschlossene Kompromiss sah vor, dass das Sudetenland an Deutschland fällt, die „Resttschechei" sollte unabhängig bleiben. Bereits am 15. März 1939 marschierten Hitlers Truppen in Prag ein und besetzten die komplette Tschechoslowakei. Damit brach Hitler das Münchener Abkommen. Wieder ließen ihn die Westmächte gewähren. Die Politik der Beschwichtigung spielte Hitler in die Hände. Keine Nation stellte sich ihm in den Weg.

Hitlerjugend und Bund Deutscher Mädel

Organisationen der NS-Diktatur

Lösungen

Aufgabe 1:

Alter	Jungen	Mädchen
10 - 14 Jahre	Deutsches Jungvolk	Jungmädelbund
14 - 18 Jahre	Hitlerjugend (HJ)	Bund Deutscher Mädel (BDM)

Aufgabe 2: Die Jugend sollte Deutsch denken und handeln, sie sollte die nationalsozialistische Ideologie von Grund auf verinnerlichen und leben. So wollte sich das Nazi-Regime die Loyalität der Jugend sichern. Jugendliche sollten nicht frei sein, sondern sich dem Führer unterordnen und seinen Befehlen Folge leisten. Zum Kriegsende wurden viele Jugendliche aus der HJ zusammen mit alten Männern im sogenannten Volkssturm eingesetzt. Diese unerfahrenen und schlecht ausgebildeten Truppen erlitten immense Verluste und hatten daher im Kriegsgeschehen keine Chance.

Aufgabe 3: Die Jungen kamen spätestens mit 18 Jahren in die Wehrmacht. Die Mädchen hatten vielfältige Aufgaben, die als Heimatdienst bezeichnet wurden. Sie sollten die heimatliche Landwirtschaft und Waffenproduktion aufrecht erhalten, da die Männer an der Front waren. Sie sollten Nachwuchs zur Welt bringen und die zerstörten Städte oder Infrastrukturen wieder in Gang setzen. (NS-Ideologie von „Volk, Heimat, Rasse")

Geheime Staatspolizei – Gestapo

Organisationen der NS-Diktatur

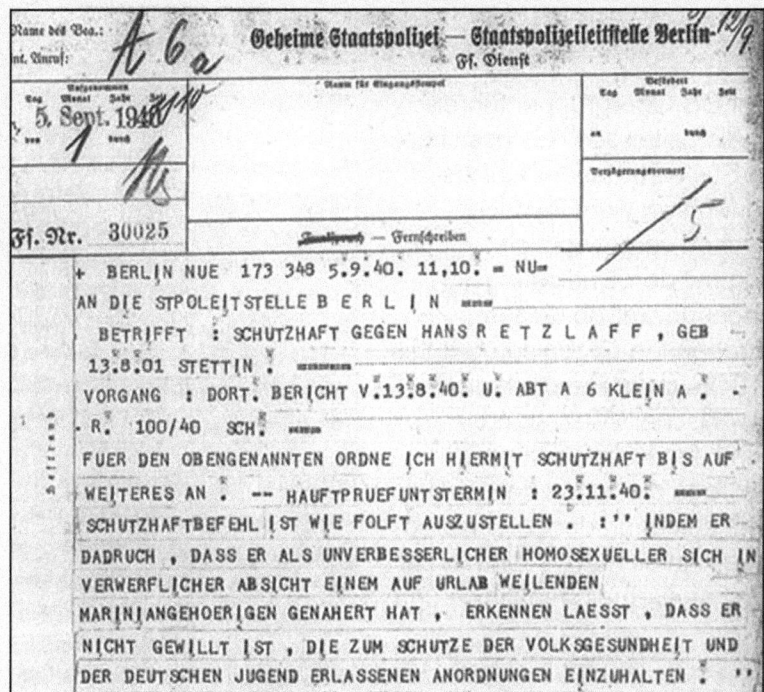

Die Gestapo war die Geheime Staatspolizei des NS-Regimes. Sie wurde 1933 gegründet und diente als zentrales Machtinstrument zur Verfolgung politischer Gegner. Mit weitreichenden Befugnissen ausgestattet, agierte sie außerhalb rechtsstaatlicher Kontrolle. Bis zum Ende des Zweiten Weltkriegs waren über 31.000 Personen bei der Gestapo tätig. Die Gestapo unterstand Himmler und wurde zeitweise von Reinhard Heydrich geleitet. Nach dem Krieg wurde die Gestapo bei den Nürnberger Prozessen als verbrecherische Organisation verboten.

Aufgabe 1: *Informiere dich über Reinhard Heydrich und seine Rolle im NS-Staat.*

Aufgabe 2: *Diskutiert in Gruppen und nehmt zu dieser Gestapo-Anordnung zur Schutzhaft gegen einen „unverbesserlichen Homosexuellen" dazu Stellung.*

Die Wehrmacht !

Organisationen der NS-Diktatur

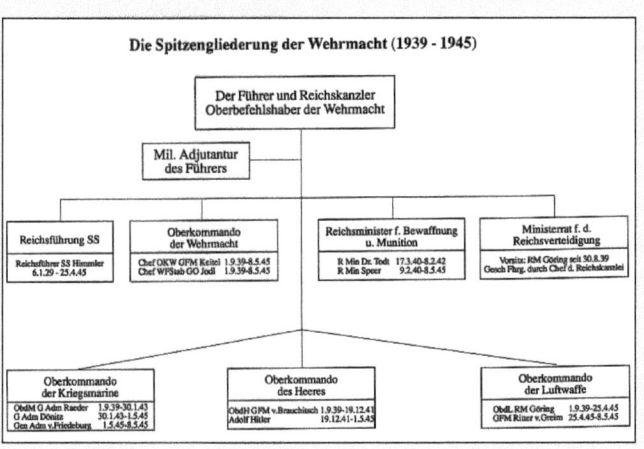

Als Wehrmacht bezeichnet man die Gesamtheit der Streitkräfte im nationalsozialistischen Deutschland. Sie wurde 1935 gegründet und 1946 nach dem Zweiten Weltkrieg aufgelöst. Die Wehrmacht gliederte sich in drei Teilstreitkräfte: Heer, Luftwaffe und Kriegsmarine. Oberbefehlshaber war Adolf Hitler. Insgesamt dienten etwa 18,2 Millionen Soldaten in der Wehrmacht, über 5 Millionen davon kamen ums Leben. Die Struktur der Wehrmacht ist in der beigefügten Grafik dargestellt. Bis zum Zweiten Weltkrieg wurde zwischen Befehls- und Kommandogewalt unterschieden: Der Reichspräsident hatte die Befehlsgewalt, während die militärische Führung bei den Chefs der Teilstreitkräfte lag.

Aufgabe 1: *„Mit Beginn des Zweiten Weltkrieges wurde diese Gewaltenteilung durch Adolf Hitler unterwandert." Betrachte das Schaubild und nimm zu der Aussage Stellung.*

Unmittelbar nach dem Tod des bisherigen Reichspräsidenten Paul von Hindenburg am 02. August 1934 wurden die Streitkräfte auf Adolf Hitler vereidigt. Seit dem 20. Juli 1935 lautete der Eid:

„Ich schwöre bei Gott diesen heiligen Eid, dass ich dem Führer des Deutschen Reiches und Volkes, Adolf Hitler, dem Obersten Befehlshaber der Wehrmacht, unbedingten Gehorsam leisten und als tapferer Soldat bereit sein will, jederzeit für diesen Eid mein Leben einzusetzen."

Aufgabe 2: *Jeder deutsche Soldat musste diesen Eid leisten. Welche Gefahr verbirgt sich dahinter, wenn Soldaten solche, selbst zur damaligen Zeit rechtswidrige Eide leisten müssen?*

Geheime Staatspolizei – Gestapo

Organisationen der NS-Diktatur

Lösungen

Aufgabe 1: Heydrich (1904-1942) war SS-Obergruppenführer und General der Polizei. Als Leiter des Reichssicherheitshauptamtes und als Stellvertretender Reichsprotektor in Böhmen und Mähren war Heydrich für zahllose Kriegsverbrechen verantwortlich. 1941 wurde er von Göring mit der „Endlösung der Judenfrage" beauftragt und war ab diesem Zeitpunkt einer der maßgebenden Organisatoren des Holocaust. Am 27. Mai 1942 wurde Heydrich durch ein Attentat tschechoslowakischer Widerstandskämpfer (Jozef Gabčík und Jan Kubiš) schwer verletzt und starb wenige Tage darauf an den Folgen. Die darauf folgenden Racheakte, an denen Gestapo-Männer einen bedeutenden Anteil hatten, führten zur Zerstörung der tschechischen Gemeinden Lidice und Ležáky.

R. Heydrich (1904-1942)

Aufgabe 2: individuelle Lösung

Hintergrundinformation

Homosexuelle wurden vom NS-Regime als „lebensunwert" eingestuft und verfolgt.

Die Wehrmacht

Organisationen der NS-Diktatur

Lösungen

Aufgabe 1: Auf der Grafik ist zu sehen, dass Adolf Hitler als Reichskanzler das Befehlskommando inne hatte. Für die Rückschläge der Wehrmacht vor Moskau im Dezember 1941 im Krieg gegen die Sowjetunion machte Hitler die Generäle und das Oberkommando des Heeres (OKH) verantwortlich und entschloss sich, zusätzlich zu seiner Eigenschaft als Oberster Befehlshaber der Wehrmacht auch den Oberbefehl des Heeres persönlich zu übernehmen. Der bisherige Oberbefehlshaber Generalfeldmarschall Walther von Brauchitsch (1881-1948) wurde von Hitler entlassen.

(Kürzel: OKW = Oberkommando Wehrmacht, GFM = Generalfeldmarschall, WFStab = Wehrmachtsführungsstab, GO = Generaloberst, RM = Reichsminister, Obd Oberbefehlshaber, GAdm = Großadmiral)

Aufgabe 2: Viele ehemalige Wehrmachts- und SS-Soldaten rechtfertigten ihre Taten im Zweiten Weltkrieg damit, dass sie aufgrund dieses Eides an die Befehle gebunden waren. Somit versuchten sich viele Soldaten und Offiziere, die sich moralische Schuld aufgeladen hatten, dadurch von der rechtlichen Schuld freizusprechen.

Sturmabteilung – SA

Organisationen der NS-Diktatur

Die SA (Sturmabteilung) wurde im November 1920 als paramilitärische Kampftruppe der NSDAP gegründet. Anfangs diente sie als Saalschutz bei Hitlers öffentlichen Auftritten, entwickelte sich aber bald zu einer bewaffneten Massenorganisation mit bis zu 4,5 Millionen Mitgliedern im Jahr 1935, erkennbar an ihren braunen Hemden. Die SA war für brutale Angriffe auf NS-Gegner bekannt und bot vor allem jungen Männern aus sozialen Randgruppen eine Zugehörigkeit. Bis 1930 stand sie unter Hitlers direkter Führung, ab 1931 war Ernst Röhm (1887–1934) SA-Stabschef. Die SA war das wichtigste Terrorinstrument bei der „Machtergreifung" 1933. Nach Machtkämpfen mit der NS-Führung endete ihre Bedeutung im sogenannten „Röhm-Putsch" (*Nacht der langen Messer*, 1934). Danach verlor die SA an Einfluss und bestand bis 1945 als Wehrsportorganisation und Veteranenverband weiter.

E. J. G. Röhm (1887-1934)

Aufgabe 1: *Warum hatte die SA einen derart starken Zulauf?*

Aufgabe 2: *Welche Folgen hatte der starke Zulauf für Ernst Röhm und seine SA?*

Aufgabe 3: *Informiere dich über den „Röhm-Putsch".*

Schutzstaffel – SS

Organisationen der NS-Diktatur

Die SS (Schutzstaffel) wurde 1925 als Personenschutz für Adolf Hitler und andere NS-Führer gegründet und bestand zunächst aus nur acht Mitgliedern. Nach der Übernahme der Führung durch Heinrich Himmler 1929 sicherte die SS die brutalen Methoden des Nazi-Regimes ab. Sie übernahm die gesamte Reichspolizei, den Sicherheitsdienst (SD), die Geheime Staatspolizei (Gestapo) sowie die Verwaltung der Konzentrationslager und wurde zur wichtigsten Stütze der NS-Herrschaft. Die SS verstand sich als „blutmäßig definierte" Elite mit dem Ziel der „Reinhaltung der nordischen Rasse". Im Zweiten Weltkrieg beging die SS zahlreiche Kriegsverbrechen.

H. Himmler (1900-1945)

Aufgabe 1: *Welche ursprüngliche Bedeutung hatte die SS?*

Aufgabe 2: *Informiere dich im Internet oder in Geschichtsbüchern über das Massaker von Oradour-sur-Glane, welches von der SS-Panzer-Division „Das Reich" unter der Leitung von SS-Gruppenführer Heinz Lammerding verübt wurde.*

Sturmabteilung – SA

Organisationen der NS-Diktatur

Lösungen

E. J. G. Röhm (1887-1934)

Aufgabe 1: Gerade junge Deutsche ohne Perspektive, sowie Veteranen des 1. Weltkrieges fanden in der SA eine neue Heimat. Diese Gruppe frustrierter, gewaltbereiter Männer stellte eine erhebliche militärische Schlagkraft dar.

Aufgabe 2: Im Jahr 1934 war die SA mit über 4 Millionen Kämpfern bedeutend stärker als die sich noch im Aufbau befindende Wehrmacht. Die Spannungen zwischen SA und NS-Führung in der Frage der „Fortsetzung der nationalsozialistischen Revolution" spitzten sich ab Anfang 1934 immer mehr zu. Die SA wurde für Hitler zu einer Bedrohung aus den eigenen Reihen und er befürchtete, dass die SA die Führung übernehmen könnte.

Aufgabe 3: Die SS-Führung um Himmler warnte Hitler mehrfach vor einem möglichen Putsch der SA. Ernst Röhm und seine SA wurden Hitler zu mächtig, sodass er am 30. Juni 1934 die Festnahme von Röhm und vielen anderen SA-Führern befahl. In den folgenden Tagen liquidierte die SS die gesamte SA-Spitze, aber auch etliche Prominente, die in der Vergangenheit in Opposition zu Hitler standen. Zu den etwa 200 Ermordeten gehörte unter anderem auch Kurt von Schleicher, der ehemalige Reichskanzler und direkte Vorgänger Hitlers. Auch der spätere erste Bundeskanzler der Bundesrepublik Deutschland, Konrad Adenauer, wurde im Zuge des Röhm-Putsch verhaftet und für mehrere Tage inhaftiert.

Schutzstaffel – SS

Organisationen der NS-Diktatur

Lösungen

H. Himmler (1900-1945)

Aufgabe 1: Ursprünglich bestand die SS bei ihrer Gründung aus lediglich 8 Männern, die als Leibgarde Hitlers agierten. Mitglieder der SS trugen martialisch anmutende schwarze Uniformen mit Totenköpfen auf den Schirmmützen. Mitglieder der Waffen-SS trugen ihre Blutgruppe als Tätowierung unter dem rechten Arm. Dieser Umstand wurde vielen nach Kriegsende zum Verhängnis, da dieses Erkennungszeichen ein untrüglicher Beweis für ihre Zugehörigkeit war.

Aufgabe 2: Das Massaker von Oradour-sur-Glane am 10. Juni 1944 war ein durch die Waffen-SS verübtes Kriegsverbrechen an der Bevölkerung des französischen Dorfes Oradour-sur-Glane. Nahezu alle Einwohner wurden dabei ermordet, es gab nur sechs Überlebende. Heinz Lammerding befehligte mehrere solcher „Sühnemaßnahmen" in der ehemaligen Sowjetunion und in Frankreich. Lammerding verband eine private Freundschaft zu Himmler. Nach dem Krieg wurde Lammerding in Frankreich zum Tod verurteilt. Deutschland lehnte die Auslieferung aus staatsrechtlichen Gründen ab, sodass Lammerding zeitlebens unbehelligt als Bauunternehmer in Düsseldorf tätig sein konnte. Er wurde nie für seine Kriegsverbrechen zur Rechenschaft gezogen. Lammerding starb 1971 im Alter von 65 Jahren an Krebs.

Lebensborn e.V.

Organisationen der NS-Diktatur

Der Lebensborn e.V. wurde 1935 unter der Schirmherrschaft der SS gegründet, um auf Basis der NS-Rassenideologie die Geburtenrate „arischer" Kinder zu steigern. Dies geschah durch anonyme Geburten und die Adoption der Kinder durch regimetreue SS-Angehörige. Der Verein war auch für die Verschleppung von „rassisch geeigneten" Kindern aus besetzten Gebieten verantwortlich. Häufig wird Lebensborn als „Aufzuchtprogramm für Herrenmenschen" bezeichnet. Schon in den frühen 1930er Jahren forderte Heinrich Himmler, Gründer des Lebensborn, SS-Männer und deutsche Frauen auf, Kinder „für unseren Führer ohne Rücksicht auf Sitte und Moral" zu zeugen.

Pflegekraft in einem Lebensbornheim

Aufgabe 1:

Recherchiere über die Vorgehensweise bei der Verschleppung geeigneter Kinder.

Aufgabe 2:

Welche Funktion übernahm der Lebensborn im Jahr 1942 beim Massaker von Lidice in der Tschechoslowakei?

Die führenden Köpfe der NS-Diktatur

Der Krieg in Europa

Aufgabe: *Recherchiere im Internet über die führenden Köpfe der NS-Diktatur und erstelle einen kurzen Steckbrief zu den abgebildeten Personen.*

Adolf Hitler

Heinrich Himmler

Hermann Göring

Josef Goebbels

Karl Dönitz

Wilhelm Keitel

Steckbrief

Name: _____

Geboren am: _____

Gestorben am: _____

Funktion: _____

_____

Sonstiges _____

_____

_____

Lebensborn e.V.

Organisationen der NS-Diktatur

Lösungen

Aufgabe 1: In besetzten Gebieten wurde gezielt nach Säuglingen gesucht, die die „arischen" Merkmale – blonde Haare und blaue Augen – hatten. Diese Kinder wurden den Eltern weggenommen und in eines der über 30 Lebensbornheime gebracht. Ihre wahre Herkunft wurde verschleiert. Diese Kinder sollten eine nationalsozialistische Erziehung erhalten und an SS-Angehörige zur Adoption übergeben werden. Etwa 10.000 Kinder kamen in dem Lebensborn-Programm zur Welt. Wie viele verschleppte Kinder durch Lebensborn ihrer wahren Herkunft beraubt wurden, lässt sich heute nicht mehr nachvollziehen.

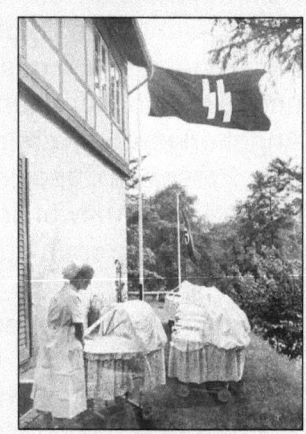

Aufgabe 2: Bei dem Massaker von Lidice wurden die Kinder des Dorfes von Angehörigen des Lebensborn aussortiert. Von den insgesamt 98 Lidice-Kindern entsprachen lediglich 13 den „arischen Ansprüchen". Diese 13 Kinder wurden in das Programm aufgenommen und an SS-Angehörige übergeben. Die restlichen 85 Kinder wurden in das Vernichtungslager Kulmhof (Chełmno) deportiert und dort in der Gaskammer ermordet.

Die führenden Köpfe der NS-Diktatur

Der Krieg in Europa

Lösungen

Adolf Hitler — geb. 20. April 1889 in Braunau am Inn (Österreich) / gest. 30. April 1945 in Berlin (Selbstmord)/Reichskanzler, Oberbefehlshaber der Streitkräfte / Ideologischer Führer der Deutschen

Heinrich Himmler — geb. 07. Oktober 1900 in München / gest. 23. Mai 1945 in Lüneburg (Selbstmord) / Reichsführer SS und Chef der Reichspolizei / Zweitmächtigster Mann nach Hitler

Hermann Göring — geb. 12. Januar 1893 in Rosenheim / gest. 15. Oktober 1946 in Nürnberg (Selbstmord) / Reichsmarschall, Reichsminister der Luftfahrt / Göring wurde in den Nürnberger Prozessen zum Tod durch den Strang verurteilt. Er entzog sich der Vollstreckung mittels Suizid durch eine Zyankali Kapsel.

Josef Goebbels — geb. 29. Oktober 1897 in Rheydt / gest. 01. Mai 1945 in Berlin (Selbstmord) / Reichsminister für Volksaufklärung und Propaganda und Leiter der Reichskulturkammer / Goebbels war Trauzeuge bei Hitlers Heirat mit Eva Braun und wurde mit Hitlers Tod zum Reichskanzler. Er ersuchte Stalin um einen Waffenstillstand. Als dieser abgelehnt wurde, töteten Goebbels und seine Frau Magda die sechs gemeinsamen Kinder, um anschließend selbst mit der Zyankali-Kapsel Selbstmord zu begehen.

Karl Dönitz — geb. 16. September 1891 in Grünau / gest. 24. Dezember 1980 in Aumühle / Oberbefehlshaber der Kriegsmarine und als Reichspräsident das letzte Staatsoberhaupt des Deutschen Reiches / Dönitz wurde in den Nürnberger Prozessen zu 10 Jahren Haft verurteilt.

Wilhelm Keitel — geb. 22. September 1882 in Helmscherode / gest. 16. Oktober 1946 in Nürnberg / Chef des Oberkommandos der Wehrmacht (OKW) / Keitel wurde in den Nürnberger Prozessen zum Tod durch den Strang verurteilt. Das Urteil wurde am 16. Oktober 1946 vollstreckt.

Der Überfall auf Polen 1939

Der Krieg in Europa

Am 31. August 1939 inszenierten SS-Männer verkleidet als polnische Soldaten einen falschen Überfall. Hitler nutzte diesen Vorfall als Vorwand, um Polen den Krieg zu erklären. Bereits am 1. September 1939 begann der Überfall auf Polen. Am 3. September erklärten Großbritannien und Frankreich Deutschland den Krieg. Am 17. September 1939 marschierte die Sowjetunion von Osten in Polen ein. Die polnische Armee war der deutschen Wehrmacht deutlich unterlegen, weshalb der Blitzkrieg nur wenige Wochen dauerte.

Polnische Kavallerie

Aufgabe 1: *Mit welcher Fehlinformation rechtfertigte Hitler den Überfall auf Polen?*

Aufgabe 2: *Die polnischen Soldaten griffen auf Pferden reitend die deutschen Panzer an. Was sagt dies über die Ausrüstung und das Kräfteverhältnis aus?*

In der NS-Ideologie galten die Polen als ein Sklavenvolk, das arbeiten, aber nicht denken sollte. Unter der Führung gefürchteter SS-Einheiten trieben deutsche Soldaten gebildete Polen – darunter Ärzte, Professoren, Geistliche und Journalisten – zusammen und erschossen sie. Arbeitsfähige Polen wurden hingegen in der deutschen Rüstungsindustrie und Landwirtschaft eingesetzt.

Aufgabe 3: *Welchen Stellenwert hatte das polnische Volk in der Weltanschauung der Nationalsozialisten?*

Aufgabe 4: *Der Überfall der Sowjetunion in Polen war Teil der Vereinbarungen des „Hitler-Stalin-Paktes". Recherchiere im Internet oder in Lehrbüchern über dieses Abkommen.*

Der Angriff auf Dänemark und Norwegen 1940

!

Der Krieg in Europa

Nach der Eroberung Polens richtete Hitler seinen Blick auf neue Ziele. Am 09. April 1940 griffen deutsche Truppen im Rahmen der „Operation Weserübung Süd" (Bild rechts) das neutrale Dänemark an. Das dänische Militär leistete nur vereinzelt Widerstand, und einen Tag später stand Dänemark vollständig unter deutscher Kontrolle.

Zeitgleich begann der Angriff auf Norwegen, das erst Mitte Juni 1940 kapitulierte. Trotz heftiger Gegenwehr der Norweger konnte die Wehrmacht ihren Vormarsch durchsetzen. Beide Länder waren strategisch wichtig – sowohl geografisch als auch als Rohstoffquellen. Die Norwegendebatte von 1940 stellte für den britischen Premierminister Neville Chamberlain eine schwere politische Krise dar.

Aufgabe 1: *Welche zwei Gründe veranlasste Hitler dazu, die neutralen Länder Dänemark und Norwegen zu überfallen?*

Aufgabe 2: *Warum war es Hitler strategisch wichtig, diese Länder zu besetzen?*

Aufgabe 3: *Welche Folgen hatte die Norwegendebatte für den britischen Premierminister?*

Der Überfall auf Polen 1939

Der Krieg in Europa

Lösungen

Aufgabe 1: Hitler täuschte polnische Überfälle vor, die in Wahrheit durch deutsche SS-Soldaten simuliert wurden. Dadurch konnte er behaupten, er sei durch polnische Aggressionen zum Handeln gezwungen worden.

Aufgabe 2: Die polnischen Divisionen waren der deutschen Armee technisch und militärisch völlig unterlegen. Mit veralteter berittener Kavallerie konnte man gegen gepanzerte Kampfverbände nicht bestehen.

Aufgabe 3: Die Polen galten als „minderwertig". Sie sollten in der deutschen Wirtschaft und Landwirtschaft als Arbeitssklaven eingesetzt werden. Alle Polen, die nicht zur Arbeit taugten, wurden inhaftiert. Die intellektuelle Elite des Landes wurde eingefangen und erschossen (Intelligenzaktion).

Aufgabe 4: Der Hitler-Stalin-Pakt wurde im August 1939 von den Außenministern Joachim von Ribbentrop und Wjatscheslaw Molotow unterzeichnet. Der Nichtangriffspakt war auf eine Dauer von 10 Jahren ausgelegt und sollte Hitler die Neutralität Stalins garantieren. Dabei einigten sich Hitler und Stalin auf die Aufteilung der Länder zwischen Deutschland und der Sowjetunion. Hitler wollte zum einen den Zweifrontenkrieg verhindern, zum anderen Lebensraum im Osten gewinnen. Hitler brach den Vertrag am 22. Juni 1941 mit dem Angriff auf die Sowjetunion.

Der Angriff auf Dänemark und Norwegen 1940

Der Krieg in Europa

Lösungen

Aufgabe 1:
a) Zum einen musste Hitler sich kriegswichtige Rohstoffe sichern, die er in der Vorkriegszeit von Frankreich importiert hatte. Da Hitler einen Überfall auf Frankreich plante, wären die Rohstofflieferungen aus Frankreich nicht mehr gesichert gewesen.

b) Zum anderen wollte Hitler diese geographisch wichtigen Länder einnehmen, bevor die Alliierten dort eigene Stützpunkte errichten konnten. Tatsächlich gab es alliierte Vorbereitungen, um diese Länder zu besetzen.

Aufgabe 2: Durch die Besetzung Dänemarks und Norwegens blieb die Ostsee unter deutscher Kontrolle. Schließlich wurde durch das *Unternehmen Weserübung* eine weitere Front in Skandinavien verhindert, die vor allem Frankreich zu seiner Entlastung gefordert hatte. Propagandistisch-innenpolitisch war die Militäroperation ebenfalls ein Erfolg und verstärkte in der Heimat den politischen Mythos der „unbesiegbaren Wehrmacht".

Aufgabe 3: In England wurde Premierminister Chamberlain vorgeworfen, er sei zum wiederholten Mal ausmanövriert worden. Er verlor die Unterstützung auch seiner eigenen Partei, trat am 10. Mai 1940 zurück und wurde von Winston Churchill ersetzt.

Der Blitzkrieg gegen Frankreich 1940

Der Krieg in Europa

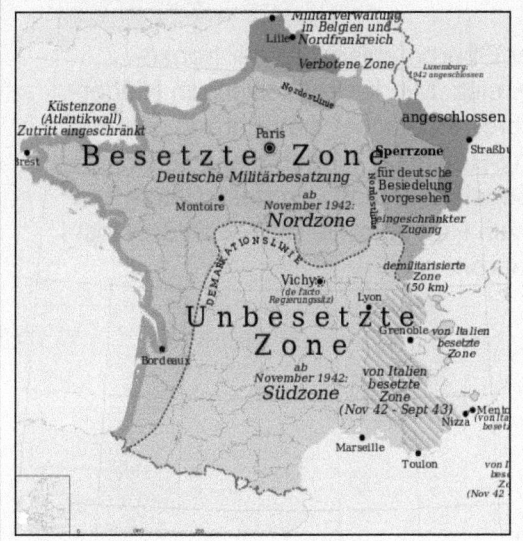

Ab dem 10. Mai 1940 überrannte die Wehrmacht die neutralen Beneluxländer nahezu ohne Widerstand. Am 5. Juni begann der lange erwartete Feldzug gegen Frankreich. Bereits nach neun Tagen, am 14. Juni, marschierte die Wehrmacht in Paris ein. Am 22. Juni unterzeichnete der französische Marschall Philippe Pétain, der mit den Deutschen kollaborierte, den Waffenstillstand. Nach einem 18-tägigen Blitzkrieg war Frankreich besiegt. In diesem Feldzug starben etwa 92.000 Franzosen, 68.000 Briten und 27.000 Deutsche.

Aufgabe 1:
*Erkundige dich im Internet über den französischen **Marschall Pétain**. Welche Rolle spielte er in der Geschichte Frankreichs?*

Aufgabe 2:
*Recherchiere über die „**Operation Dynamo**". Was ist darunter zu verstehen? Diese Operation spielte sich in der nordfranzösischen Stadt Dünkirchen ab. Beachte die Lage der Stadt auf einer Karte.*

Marschall Pétain und Adolf Hitler

Die Luftschlacht um England 1941 ★

Der Krieg in Europa

Nach der Niederlage Frankreichs zog sich das britische Militär in der „Operation Dynamo" nach Großbritannien zurück. Am 10. Mai 1940 wurde Premierminister Chamberlain durch Winston Churchill ersetzt. Während Chamberlain auf Verhandlungen mit Hitler setzte, begann Churchill im Juli 1940 mit Luftangriffen auf Deutschland. Er betonte, der Krieg gegen die „monströse Tyrannei" müsse mit einem „Sieg um jeden Preis" beendet werden. Von Juli 1940 bis August 1941 dauerte das „Unternehmen Seelöwe" – der deutsche Luftangriff auf England, der die britische Luftwaffe zerstören und eine Invasion ermöglichen sollte. Das Vorhaben scheiterte, weshalb Hitler die Angriffe im Westen einstellte und sich dem Osten zuwandte. Die Bilanz von „Seelöwe" war verheerend:

	Deutsche Luftwaffe	Britische Royal Air Force	Britische Zivilbevölkerung
Tote	2000	544 (Piloten)	27.450
materielle Verluste	2200 Flugzeuge	1547 Flugzeuge	zerstörte Städte, wie London oder Coventry

Aufgabe 1: *Hitler nutzte die Propaganda Goebbels, um dem deutsche Volk vorzugaukeln, wie erfolgreich seine Feldzüge seien. Dabei wurde vieles verschwiegen oder gelogen. Wie reagierte wohl die deutsche Bevölkerung auf Hitlers plötzliche Entscheidung, den Krieg im Osten vom Zaun zu brechen, nachdem man nun seit über einem Jahr erfolglos und verlustreich gegen England kämpfte?*

Aufgabe 2: *„Nie zuvor in der Geschichte des kriegerischen Konflikts verdankten so viele so wenigen so viel." Was meinte Winston Churchill mit dieser Aussage?*

Der Blitzkrieg gegen Frankreich 1940

Der Krieg in Europa

Lösungen

Aufgabe 1: Philippe Pétain (1856-1951) war ab 1917 der Oberbefehlshaber der französischen Streitkräfte, der Marschall von Frankreich. Mit der französischen Niederlage übernahm er von 1940-1944 als autoritärer Staatschef die Führung des mit dem Deutschen Reich kollaborierenden Vichy-Regimes. Wegen dieser Zusammenarbeit wurde Pétain 1945 in Paris zu lebenslanger Haft verurteilt. Pétain verbrachte seinen Lebensabend im Gefängnis von Port-Joinville auf der Atlantikinsel Île d'Yeu und verstarb dort im Alter von 95 Jahren.

Aufgabe 2: **Operation Dynamo** war der Deckname für eine militärische Evakuierungsaktion der britischen Admiralität im Zweiten Weltkrieg. Im Rahmen der Operation wurde vom 26. Mai bis zum 04. Juni 1940 der Großteil des britischen Heeres auf französischem Boden, einschließlich großer Teile der französischen Armee, die von deutschen Truppen bei Dünkirchen eingekesselt waren, zu Schiff nach Großbritannien transportiert. Bis zum 04. Juni konnten insgesamt 338.226 alliierte Soldaten, davon etwa 110.000 Franzosen, evakuiert werden.

Die Luftschlacht um England 1941

Der Krieg in Europa

Lösungen

Aufgabe 1: Lösungsvorschlag:

Das Unternehmen Seelöwe war die erste Niederlage Hitlers. Der Mythos des Unbesiegbaren drohte zu zerbrechen. Die Propaganda verherrlichte die Luftschlacht um England und verschleierte die Tatsachen. Nach mehreren Monaten erfolgloser Luftangriffe beendete Hitler seine Angriffe im Westen und begann Krieg im Osten. Hermann Göring, als Oberkommandeur der Luftwaffe für die Niederlage verantwortlich, warf den deutschen Piloten „Feigheit vor dem Feind vor", um so von seinem eigenen Versagen abzulenken. Wäre die deutsche Bevölkerung über die tatsächliche Ausgangslage im Sommer 1941 im Bilde gewesen, hätte sie einem weiteren Krieg im Osten, also ein beginnender Zweifrontenkrieg, eventuell nicht zugestimmt. Der Rückhalt aus der Bevölkerung wäre bedroht gewesen.

Aufgabe 2: Churchill bedankte sich mit seiner Aussage bei den Piloten, die England gegen die deutsche Luftwaffe verteidigten. „Nie zuvor in der Geschichte des kriegerischen Konfliktsverdankten so viele (die britische Bevölkerung) so wenigen (den Piloten) so viel". Um dem Pilotenmangel zu begegnen, wurden Piloten aus dem Commonwealth, Frankreich, Polen und der Tschechoslowakei unter dem Befehl der Royal Air Force eingesetzt.

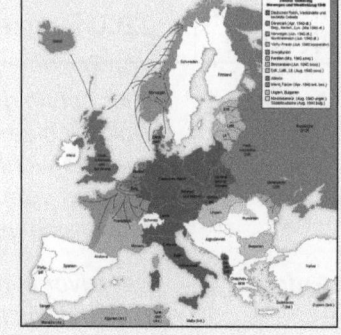

Operation „Barbarossa" 1941

Der Krieg in Europa

Am 22. Juni 1941 begann die deutsche Wehrmacht auf Hitlers Befehl den Überfall auf die Sowjetunion – die „Operation Barbarossa", der größte Feldzug der Weltgeschichte bis dahin. Die Front erstreckte sich über 2000 Kilometer. Anfangs erzielte das deutsche Militär große Erfolge: Im September wurde Leningrad eingeschlossen, und bis Oktober gerieten etwa 3 Millionen sowjetische Soldaten in Gefangenschaft. Kurz vor Moskau stoppte der harte russische Winter den Vormarsch; viele deutsche Soldaten erfroren aufgrund unzureichender Ausrüstung. Am 5. Dezember 1941 startete die Sowjetunion den Gegenangriff. Hitler verbot einen Rückzug, da er große Pläne für 1942 hatte.

Aufgabe 1: Recherchiere im Internet über die Stärke der gegenüberstehenden Armeen. Wie viele Soldaten, Panzer, Geschütze, Flugzeuge und militärische Fahrzeuge standen sich gegenüber?

Aufgabe 2: Hitler plante im Osten Europas das „Großgermanische Reich deutscher Nation" zu schaffen. Was muss man sich darunter vorstellen?

Aufgabe 3: Die Operation Barbarossa begann im Frühsommer 1941. Wann und warum kam der deutsche Vormarsch zum Erliegen? Wie reagierte Hitler darauf?

Aufgabe 4: Hitlers Ziel für 1942 war unter anderem die Eroberung der Erdölfelder im südrussischen Kaukasus. Warum war es für ihn so bedeutsam, dieses Gebiet zu erobern?

Wehrmachtsoldaten beim Russlandfeldzug 1941

Die Sommeroffensive 1942 – Die Hölle von Stalingrad

Der Krieg in Europa

Stalingrad, strategisch gelegen zwischen Don und Wolga, war Schauplatz einer der größten Schlachten des Zweiten Weltkriegs und gilt als Wendepunkt des Deutsch-Sowjetischen Krieges im Winter 1942/43. Im Sommer 1942 griff die deutsche 6. Armee mit über 230.000 Soldaten die Stadt an, umzingelte sie weitgehend und schnitt sie vom Nachschub ab. Im November 1942 startete die sowjetische Gegenoffensive. Im Februar 1943 kapitulierten die Reste der 6. Armee unter Generalfeldmarschall Friedrich Paulus, der in sowjetische Gefangenschaft kam. Stalingrad wurde fast vollständig zerstört. Von etwa 110.000 gefangenen Deutschen überlebten nur 6000 die Kriegsgefangenschaft. Die Schlacht forderte geschätzte 750.000 Menschenleben auf deutscher Seiten und über 1 Million auf russischer Seite.

Friedrich Paulus in Stalingrad Januar 1943

Aufgabe:

Versetze dich in die Lage des Wehrmachtsoldaten Erich. Er möchte an Heilig Abend 1942 einen Brief an seine Verlobte in der Heimat schicken. Gerade läuft er durch die zerstörten Häuserreihen mitten in Stalingrad bei eisigen Temperaturen. Der Adjutant Erich geht hinter GFM Paulus zu einer Lagebesprechung. Er weiß genau um die Lage der 6. Armee Bescheid. Schreibe Erichs Brief an seine Verlobte.

Operation „Barbarossa" 1941

Der Krieg in Europa

Lösungen

Aufgabe 1:

Ausrüstung	Deutsches Reich	Sowjetunion
Soldaten	3.600.000	5.600.000
Panzer	3.650	15.000
Geschütze	7.150	35.000
Flugzeuge	2.500	8.500
Motorisierte Fahrzeuge	600.000	350.000

Aufgabe 2: Die „germanischen Völker" der Skandinavier, Flamen und Holländer sollten an dieses Reich angeschlossen werden. Die slawischen Völker im Osten, in Hitlers Augen „Untermenschen", sollten als Arbeitskräfte ausgebeutet oder umgebracht werden. Osteuropa sollte entvölkert werden, um neuen Siedlungsraum für „Germanen" zu schaffen. Slawische Zivilisten und Soldaten sollten getötet werden.

Aufgabe 3: Im Frühsommer ist der Boden trocken und die Temperatur hoch, daher kommt eine Invasionstruppe schnell voran. Im Dezember begann der russische Winter. Die Nachschubstrecke war gigantisch, der Boden verschneit oder matschig. Der Feldzug kam ins Stocken. Hitler reagierte ungehalten und verlangte, die Front über den Winter zu halten.

Aufgabe 4: Die Erdölfelder sollten den Öl- und Bezinhunger der Wehrmacht stillen. Ohne Öl/Benzin waren große Truppenbewegungen unmöglich. Wer kein Benzin mehr zur Verfügung hatte, würde den Krieg unweigerlich verlieren.

Die Sommeroffensive 1942 – Die Hölle von Stalingrad

Der Krieg in Europa

Lösungen

Aufgabe: Lösungsvorschlag:

*Liebste Marie,
ich habe mich seit einer Woche um diesen Brief gedrückt und immer gedacht, dass die Ungewissheit zwar qualvoll sei, aber immer noch einen Hoffnungsschimmer enthalte. Die Lage hier ist katastrophal. Hitler hat uns sitzen lassen. Wir sind eingeschlossen, und es kommt kein Nachschub mehr in diese verfluchte Stadt. Jeden Tag sehe ich unzählige meiner Kameraden fallen. Heute Mittag war ich bei einer Lagebesprechung dabei. Jetzt weiß ich Bescheid, und weil mir nun etwas Klarheit verschafft wurde, sollst Du auch von der bangen Ungewissheit befreit sein.
Ich war entsetzt, als ich die Karte sah. Wir sind allein. Ich werde nicht in russische Kriegsgefangenschaft gehen. Ich habe Kameraden beobachtet, die gefangen genommen wurden. Wenn Stalingrad gefallen ist, wirst Du es hören oder lesen und wissen, dass ich nicht zurückkehren werde.
Ich bedaure, dass wir nicht mehr gemeinsame Zeit verbringen durften. Meine Gedanken an Dich hindern mich daran, verrückt zu werden. Ich vermisse Dich.
Ich habe Angst.*

Seite 34

Der alliierte Luftkrieg gegen Deutschland 1942

Der Krieg in Europa !

Die Gräueltaten der SS und der deutschen Wehrmacht in den besetzten Gebieten stießen bei den Alliierten auf entsetztes Unverständnis und riefen Rachegefühle hervor. So starben beispielsweise während des Krieges in der Sowjetunion etwa 27 Millionen Menschen, davon 17 Millionen Zivilisten – das sind über 60 %. Im Zweiten Weltkrieg wurde nicht mehr nur an den Fronten gekämpft, sondern der Tod wurde auch per Luftangriff in die Städte und auf die Zivilbevölkerung gebracht. Dabei kamen Brandbomben zum Einsatz, die im Flächenangriff von ganzen Flugzeugstaffeln mit mehreren hundert Bombern – sogenannten „Tausend-Bomber-Angriffen" – abgeworfen wurden.

Luftbild von Dresden 1945

- Am 30.05.1942 fielen 1500 t Bomben auf Köln (ca. 500 Tote)
- „Operation Gomorrha" – 24. Juli und dem 3. August 1943. In mehreren Luftangriffen mit 17.000 Bombern fielen 100.000 Spreng- und 1.600.000 Brandbomben auf Hamburg (ca. 45.000 Tote)
- „Operation Tigerfish" – am 27.11.1944 fielen 11.523 Brandbomben auf Freiburg i. Br (ca. 2800 Tote)
- vom 13 bis 15.02.1945 fielen über 650.000 Stabbrandbomben auf Dresden (ca. 25.000 Tote).

Aufgabe 1: Was versteht man unter einem „Tausend-Bomber-Angriff"? Bei einem breitangelegten Brandbombenangriff kam es zum sogenannten „Feuersturm", der neben den eigentlichen Bomben noch unzählige weitere Todesopfer forderte.

Aufgabe 2: Erkundige dich im Internet über die Bedeutung eines „Feuersturmes" und wie er sich entwickelt.

„Deutschblütigkeit"

 Das Grauen der NS-Zeit

Der Rassenwahn ging so weit, dass ab 1935 Ehen zwischen bestimmten Personen verboten wurden. Jeder musste seine Herkunft durch einen „Arier-Nachweis" belegen. Dieser Nachweis der „arischen" Abstammung erfolgte durch die Vorlage von sieben Geburts- oder Taufurkunden (des Betroffenen, der Eltern und der vier Großeltern) sowie drei Heiratsurkunden (der Eltern und Großeltern). Diese Dokumente mussten offiziell beglaubigt sein. Ersatzweise konnten ein beglaubigter Ahnenpass oder eine beglaubigte Ahnentafel vorgelegt werden, die bis ins Jahr 1800 zurückreichen musste. SS-Anwärter höherer Ränge mussten den Nachweis sogar bis ins Jahr 1750 erbringen.

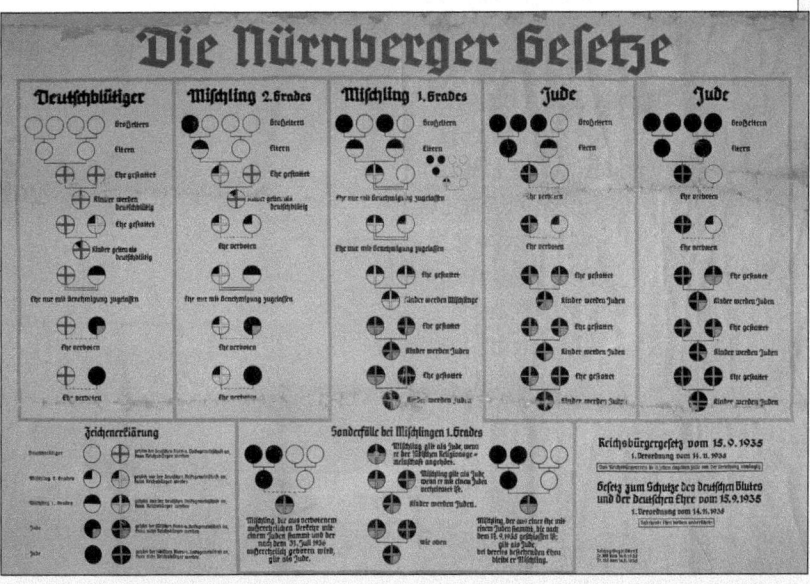

Aufgabe:

Betrachte die Grafik zur „Deutschblütigkeit". Inwieweit griffen die Nazis in das Leben der Bevölkerung ein?

Der alliierte Luftkrieg gegen Deutschland 1942

Der Krieg in Europa

Lösungen

Aufgabe 1: Als „Tausend-Bomber-Angriff" bezeichneten Deutsche den Luftangriff auf eine große deutsche Stadt, bei der nahezu 1000 feindliche Bomber zahllose Brand- oder Sprengbomben zeitgleich auf die Stadt niederfallen ließen. Diese Angriffe wurden von der britischen Royal Air Force geflogen.

Aufgabe 2: Der Feuersturm entstand nach einem Flächenbombardement mit Brandbomben. Nachdem mehrere Tausend Brandbomben auf Wohngebiete niedergingen, standen unzählige Häuser in Flammen. Die Luft wurde stark erhitzt und stieg daher auf. Die nachziehende Frischluft entfachte das Feuer weiter. Durch diese Luftbewegung kam es zu sturmähnlichen Windbewegungen, die sich bis zu einem Orkan entwickeln konnten. Die Hitze war so hoch, dass der Asphalt zu brennen begann und viele Menschen einfach verglühten. Viele Menschen, die das eigentliche Bombardement überlebten, starben anschließend im Feuersturm oder erstickten in den Luftschutzbunkern, da der Feuersturm die ganze Atemluft aufbrauchte.

„Deutschblütigkeit"

Das Grauen der NS-Zeit

Lösungen

Aufgabe: Der Bevölkerung wurde jedes Recht auf ein selbstbestimmtes Leben genommen. Man musste mit Hilfe eines Nachweises seine „Deutschblütigkeit" nachweisen. Sollten sich Juden in der Ahnenreihe befunden haben, so galt man je nachdem als „Vierteljude" oder „Halbjude" und war damit im alltäglichen Leben stark eingeschränkt. Eine Heirat war beispielsweise nicht mehr ohne Weiteres möglich. Ein solcher Ahnenpass ist hier dargestellt.

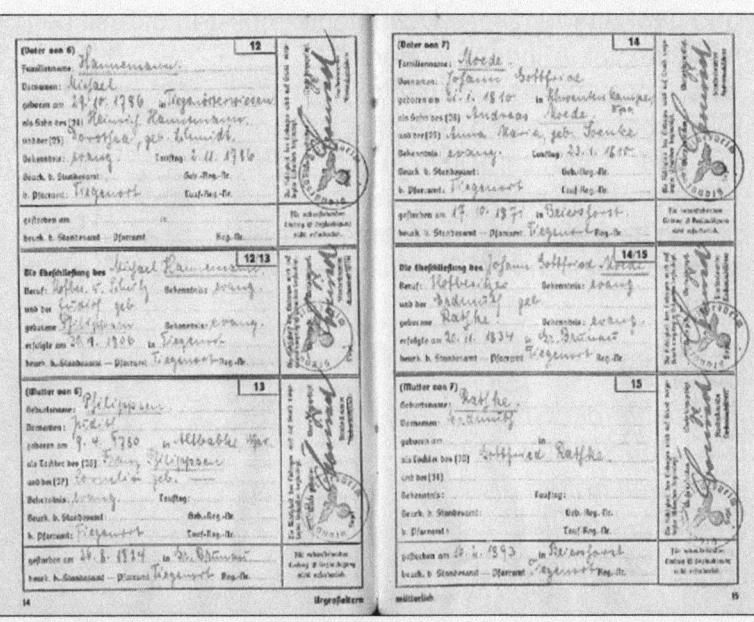

Eugenik – Aktion T4

Das Grauen der NS-Zeit

Die Nationalsozialisten ermordeten während ihrer Herrschaft Millionen Menschen. „Unwertes Leben" sollte vernichtet werden, um die vermeintliche „Reinrassigkeit" des deutschen Volkes sicherzustellen. Opfer dieser sogenannten „Rassenhygiene" (Eugenik) waren psychisch Kranke und Menschen mit Behinderung, Homosexuelle, Alkoholiker, Prostituierte oder Fürsorgeempfänger – ebenso wie Sinti, Roma und Juden. Durch propagandistische „Lehrplakate" wie das hier gezeigte sollte in der Bevölkerung Verständnis für diese grausamen Maßnahmen geschaffen werden. So wurden beispielsweise geistig behinderte Menschen in Reisebusse verfrachtet und in spezielle „Sanatorien" gebracht. Unter dem Vorwand medizinischer Hilfe wurden sie dort systematisch ermordet – Teil der geheimen Aktion T4.

Aufgabe 1:

Welche Personengruppen fielen dem Rassenwahn zum Opfer? Worin unterschieden sich diese Gruppen?

Aufgabe 2: Bei der Aktion T4 wurden über 70.000 Menschen mit Behinderung getötet. Zumeist wurde diese Maßnahme vor der deutschen Bevölkerung verheimlicht. Warum?

Die Qualen der Juden ab 1933

Das Grauen der NS-Zeit

Juden wurden von Beginn an systematisch aus der deutschen Gesellschaft ausgegrenzt und verfolgt. Bereits 1933 rief das NS-Regime zum Boykott jüdischer Geschäfte auf. Schaufenster wurden eingeschlagen oder beschmiert, und auf Plakaten in den Straßen stand: „Deutsche, wehrt euch! Kauft nicht bei Juden!". Schon im selben Jahr wurden jüdische Bürger aus dem öffentlichen Leben gedrängt – sie durften viele Berufe, etwa als Ärzte, Notare, Künstler oder Lehrer, nicht mehr ausüben. Mit den „Nürnberger Gesetzen" von 1935 wurde die Entrechtung weiter verschärft: Ehen und sexuelle Beziehungen zwischen Juden und „Ariern" wurden verboten, ebenso der Besuch kultureller Einrichtungen wie Theater oder Kinos. Selbst öffentliche Parkbänke waren für jüdische Menschen tabu. Ab 1939 durften sie keinen Führerschein mehr besitzen, ihre Kinder wurden von öffentlichen Schulen ausgeschlossen. Ab 1941 mussten alle jüdischen Menschen in der Öffentlichkeit den gelben „Judenstern" sichtbar an ihrer Kleidung tragen – ein Symbol der Stigmatisierung, das ihre Ausgrenzung unübersehbar machte.

Aufgabe 1: Nenne die Schikanemaßnahmen der Deutschen, die Juden erdulden mussten.

Im März 1933 wurde der jüdische Anwalt Dr. Michael Siegel in München von SA-Männern barfuß durch die Straßen getrieben. Er hatte sich zuvor bei der Polizei über Gewalt gegen einen jüdischen Mandanten beschwert. Statt Schutz erfuhr er öffentliche Demütigung. 1940 gelang ihm die Flucht nach Peru, wo er 1979 starb.

Aufgabe 2: Stell dir vor, du wärst an der Stelle Dr. Siegels. Beschreibe deine Gedanken und Gefühle in der Situation, als er durch Münchens Straßen getrieben wurde.

Eugenik – Aktion T4

Das Grauen der NS-Zeit

Lösungen

Aufgabe 1: Zum einen wurden Menschen aufgrund ihrer Herkunft (Sinti und Roma), ihrer Religion (Juden) oder ihrer sexuellen Vorlieben (Homosexuelle) ermordet. Darüber hinaus starben mit Prostituierten, Obdachlosen oder Fürsorgeempfängern die Menschen, die am gesellschaftlichen Rand leben mussten. Nicht zuletzt sollten die körperlich und geistig Behinderten, oder die Alkoholkranken aufgrund ihrer Erkrankung „erlöst" werden. Die Nationalsozialisten stuften alle Menschen, die in einer dieser Gruppen angesiedelt waren, als „minderwertig" ein.

Aufgabe 2: Bei der Aktion T4 wurden behinderte Menschen aus ihren Familien geholt und in „Heilsanatorien" verlegt. Dort starben sie zum Beispiel in Gaskammern, mittels Injektionen ... Den Angehörigen wurde von einem natürlichen Tod berichtet, da Eltern und Geschwister für die „Sterbehilfe" ihrer geliebten Angehörigen kein Verständnis gehabt hätten.

Die Qualen der Juden ab 1933

Das Grauen der NS-Zeit

Lösungen

Aufgabe 1:
- Boykott jüdischer Geschäfte
- Berufsverbot für Ärzte, Professoren, Notare, Künstler und Schriftsteller
- Eheverbot mit Nichtjuden
- Verbot von Theater-, Kino- oder Konzertbesuchen
- Fahrverbot
- Jüdische Kinder durften nicht mehr auf öffentliche Schulen
- Tragen des „Judensterns" an der Kleidung

Aufgabe 2: individuelle Lösung, z. B.

- Ich hatte große Angst um mein Leben.
- Ich suchte Hilfe bei der Polizei und wurde derart behandelt, das erschütterte meine Grundfesten.
- Barfuß im März – meine Füße tun mir weh, mir ist so kalt.
- Alle lachen mich aus, ich schäme mich so.
- Diese Idioten, ich bin so wütend und würde mich am liebsten wehren. Aber dann wird alles nur noch schlimmer. Ich bin alleine und habe keine Chance gegen die SA-Schergen.

Reichskristallnacht 1938

Das Grauen der NS-Zeit

In der Nacht vom 09. auf den 10. November 1938 kam es im gesamten Deutschen Reich zu massiven, organisierten Gewalttaten gegen die jüdische Bevölkerung – der sogenannten „Reichspogromnacht" oder „Reichskristallnacht". Unter Duldung und Mitwirkung der Behörden wurden über 1400 Synagogen sowie unzählige jüdische Geschäfte, Wohnungen und Friedhöfe zerstört. Mehrere Hundert Juden wurden ermordet oder in den Tod getrieben. Über 30.000 jüdische Männer wurden verhaftet und in Konzentrationslager verschleppt. Diese Pogrome markierten eine neue Eskalationsstufe in der antisemitischen Politik des NS-Regimes: Erstmals wurde offene, staatlich gelenkte Gewalt gegen Juden in großem Maßstab ausgeübt.

Aufgabe 1: *Was geschah in der „Reichskristallnacht"?*

Aufgabe 2: *In den Geschichtsbüchern taucht auch immer wieder der Begriff Novemberpogrom auf. Informiere dich über die Bedeutung des Wortes „Pogrom".*

Aufgabe 3: *Warum stellen die Vorkommnisse der Reichskristallnacht einen Wendepunkt in der Diskriminierung der jüdischen Bevölkerung dar?*

Das Warschauer Ghetto !

Das Grauen der NS-Zeit

Im Stadtzentrum der polnischen Hauptstadt Warschau wurde ein Teil der Stadt von der Wehrmacht zum Sammellager für polnische Juden umfunktioniert. Zu diesem Zweck wurde eine 18 km lange und 3 m hohe Umfassungsmauer um das Gebiet (vgl. mit der Graphik) gebaut. Insgesamt wurden etwa 500.000 Menschen in diesem Ghetto auf engstem Raum zusammengepfercht. Die hygienischen Bedingungen und die Versorgung mit Nahrung waren katastrophal, sodass unzählige Menschen an Hunger und Seuchen starben. Dieses Ghetto diente als Zwischenlager vor dem Abtransport in ein Konzentrationslager. Ein Anwohner, der in unmittelbarer Nähe zum Ghetto wohnte und viele Vorgänge im Ghetto beobachten konnte, beschrieb seine Erlebnisse wie folgt:

Das Warschauer Ghetto bestand von 1940 bis 1943

„(..) am 6. September stand ich seit dem frühen Morgen am Fenster und beobachtete alles. Kein Bericht, kein Bild mag den Albtraum jenes Morgens wiederzugeben. Einige Zehntausend ausgemergelte, verzweifelte, ungewaschene Gesichter. Mütter mit Kindern auf dem Arm, weinende Kinder, den Müttern mit Gewalt entrissen. Massen, Massen und immer wieder diese Massen, die hin und her irren, mit verzweifelten Blicken. Der Zug nimmt kein Ende. Und diese Selektionen finden statt, und ein Teil kehrt zurück, doch die Mehrheit – einige zehntausend – wird zum Umschlagplatz geführt."

Aufgabe 1: *Welchem Zweck diente das Warschauer Ghetto?*

Aufgabe 2: *Informiere dich über den Aufstand im Ghetto und seine Folgen.*

Reichskristallnacht 1938

Das Grauen der NS-Zeit

Lösungen

Aufgabe 1: Die Nacht vom 09. auf den 10. November 1938 war von langer Hand geplant und durchorganisiert. In ganz Deutschland erfolgte ein gezielter Angriff auf jüdische Geschäfte, Bethäuser und Synagogen. Selbst jüdische Friedhöfe wurden zerstört. Insgesamt starben etwa 100 Juden in dieser Nacht, über 1400 Glaubenshäuser standen in Flammen. Am nächsten Tag, dem 10. November wurden über 30.000 Juden inhaftiert und in Konzentrationslager eingesperrt.

Aufgabe 2: Ein Pogrom ist die gewaltsame Ausschreitung gegen Menschen, die einer bestimmten gesellschaftlichen Gruppe angehören. Häufig sind es politische Gruppen (z. B. Menschen einer Partei) oder religiöse Gruppen (z. B: religiöse Minderheiten). Früher verwendete man den Begriff nur, um Ausschreitungen gegenüber Juden zu benennen. Mittlerweile hat sich die Bedeutung des Begriffes im Sprachgebrauch ausgedehnt.

Aufgabe 3: Bis zur Reichskristallnacht waren die Juden Opfer von gesellschaftlicher Ausgrenzung und vereinzelter Übergriffe. Mit den Novemberpogromen verschärfte sich die Situation deutlich. Aus der Ausgrenzung wurde offene Gewalt. Erste Juden wurden systematisch getötet oder inhaftiert.

Das Warschauer Ghetto

Das Grauen der NS-Zeit

Lösungen

Aufgabe 1: Mitten im Stadtzentrum Warschaus wurde ein Stadtteil von einer Umfassungsmauer umschlossen. Der eingeschlossene Teil diente den Nazis als Sammellager für polnische Juden. Von dort sollten sie in die Vernichtungslager abtransportiert werden. Einer der bekanntesten Überlebenden des Ghettos war der Literaturkritiker Marcel Reich-Ranicki (1920-2013). Insgesamt wurden über 500.000 Menschen unter schlimmsten Bedingungen im Ghetto zusammengepfercht.

Aufgabe 2: Am 19. April 1943 begann die Jüdische Kampforganisation den mehrere Wochen dauernden Aufstand im Ghetto. Der Aufstand wurde bis zum 8. Mai im Rahmen der Aktion Reinhard von der SS blutig niedergeschlagen. Der Widerstand hielt aber noch bis zum 16. Mai an. Erst mit der vollständigen Niederbrennung des gesamten Ghettos konnte die SS das Gebiet wieder unter ihre Kontrolle bringen. Das Ghetto selbst wurde nun endgültig aufgelöst und vollständig zerstört, die noch verbliebenen Bewohner wurden entweder an Ort und Stelle erschossen oder aber in die Vernichtungslager abtransportiert. Bei der „Niederschlagung des Warschauer Ghettos" starben nachweislich über 56.000 Juden.

Der geplante Holocaust – Die Endlösung?

Das Grauen der NS-Zeit

Viele Juden erkannten die Gefahr und versuchten rechtzeitig ins Ausland auszuwandern. Ab dem Jahr 1941 war den Juden das Auswandern verboten. Die fabrikmäßige und systematische Vernichtung aller Juden in Europa, die sogenannte „**Endlösung**", wurde am 20. Januar 1942 auf der Konferenz in Berlin-Wannsee beschlossen. Die Juden aller eroberten Länder sollten inhaftiert und in einem Konzentrationslager ermordet werden. Als „Architekt des Holocaust" war Heinrich Himmler der hauptverantwortliche Organisator des Völkermords in Europa. Auf der Karte sind die durch Himmler errichteten Konzentrationslager in Europa zu sehen. In den Lagern starben im Verlauf des Zweiten Weltkrieges über 6.000.000 Juden in den Gaskammern oder bei Massenerschießungen. Viele starben auch an Krankheit, Schwäche oder Unterernährung, da die Versorgung in den Lagern katastrophal war. Als rechte Hand Himmlers war **Adolf Eichmann** für die Organisation der Transporte mit der Eisenbahn verantwortlich.

Aufgabe 1: Betrachte die Europakarte. Was glaubst du, wie war es Heinrich Himmler möglich, ein solch ausgedehntes Netz von Vernichtungslagern innerhalb weniger Jahre über ganz Europa aufzubauen?

Aufgabe 2: Bei den Vergasungen wurde Zyklon B eingesetzt. Erkundige dich im Internet über die Wirkungsweise dieses Gases. Wie wurde es eingesetzt?

Himmlers rechte Hand – Adolf Eichmann

Das Grauen der NS-Zeit

Als rechte Hand Heinrich Himmlers war Adolf Eichmann für die Organisation der „Endlösung in der Judenfrage" verantwortlich. Er organisierte die Transporte der Juden zu den KZs mit der Reichsbahn. Dabei wehrte er sich häufig dagegen, dass „seine" Züge für Truppentransporte der Wehrmacht oder für Nachschub an die Front gebraucht wurden. Viele Frontabschnitte waren dadurch unterversorgt mit Munition und Nahrung.

Das Bild zeigt Adolf Eichmann im Jahr 1961 bei seiner Gerichtsverhandlung in Israel.

„Ich muss Ihnen ganz ehrlich sagen, hätten wir von den ausgewiesenen 10,3 Millionen Juden, 10,3 Millionen Juden getötet, dann wäre ich befriedigt und würde sagen, gut, wir haben einen Feind vernichtet."

(Zitat Eichmanns aus einem Interview von 1957)

Adolf Eichmann (1906-1962)

Aufgabe 1: Informiere dich im Internet über Adolf Eichmann.

Aufgabe 2: Nimm zu dem Zitat Adolf Eichmanns Stellung. Was sagen seine Worte über ihn aus?

Der geplante Holocaust – Die Endlösung?

Das Grauen der NS-Zeit

Lösungen

Aufgabe 1: Auf der Karte ist nur ein Bruchteil der errichteten Lager zu sehen. Insgesamt gab es rund 1000 Konzentrations- und Nebenlager, sowie sieben große Vernichtungslager. Dieses Netzwerk wurde innerhalb weniger Jahre, größtenteils in eroberten Gebieten errichtet. In diesen Lagern wurden über 6 Millionen Menschen systematisch getötet. Die Organisation und Durchführung der Massenmorde wäre ohne die Mithilfe zahlreicher Menschen, sowie durch die Mitwirkung vieler Behörden und Industriekonzerne nicht möglich gewesen.

Aufgabe 2: Zyklon B (Cyanwasserstoff) ist ein Blausäure-Gas, das die Aufnahme von Sauerstoff ins Blut verhindert, bei Kontakt mit dem Gas ist ein qualvoller Erstickungstod die Folge. In den KZs wurden die Juden in Gaskammern geführt. Ein SS-Wachmann verschloss die Tür, löschte das Licht und ließ das Gas in die Kammer einströmen. Nach 15 Minuten waren die letzten Schreie aus der Kammer verstummt. Nach dem Öffnen der Tür wurden die Toten abtransportiert, sodass die nächste Gruppe Juden in die Kammer konnte. Der Todeskampf bei Kindern, Alten oder Kranken war deutlich kürzer, da sich das Gas am Boden sammelt.

Himmlers rechte Hand – Adolf Eichmann

Das Grauen der NS-Zeit

Lösungen

Aufgabe 1: Adolf Eichmann (1906-1962) war SS-Obersturmbannführer und Organisator der Deportationen und Ermordung von 6 Millionen Juden. Nach dem Krieg gelang ihm die Flucht nach Argentinien. Dort wurde er von einem ehemaligen KZ-Häftling enttarnt und an den israelischen Geheimdienst verraten. Dieser entführte Eichmann 1960 nach Israel, wo er nach einem Prozess zum Tode verurteilt und 1962 gehängt wurde. Sein Leichnam wurde verbrannt und seine Asche ins Meer gestreut.

Aufgabe 2: individuelle Lösung

Ein Zeitzeuge Eichmanns hat ihn nach Kriegsende folgendermaßen charakterisiert:

Adolf Eichmann (1906-1962)

„Eichmann hatte Minderwertigkeitskomplexe. Er wollte unbedingt zeigen, ich bin kein Akademiker, aber ich kann das auch, ich werd' euch das beweisen. Und das verfolgte ihn sein ganzes Leben […] Er hatte nicht einmal einen Schulabschluss, und das hat ihn furchtbar getroffen. Hinzu kamen noch bösartige Bemerkungen seiner Kameraden wegen seines ‚jüdischen Aussehens'. Sie haben ihn Siggi Eichmann genannt, und das hat ihn mächtig gekränkt."

Dr. Tod – Der KZ-Arzt
Dr. Josef Mengele

Das Grauen der NS-Zeit

Im Mai 1943 wurde Dr. Mengele Lagerarzt im KZ Auschwitz. Er verkörperte den Terror in einem solchen Ausmaß, dass eine überlebende Gefangene später sagte, Mengele „sei Auschwitz gewesen". Mengele betrachtete Auschwitz als ein Forschungslabor, das ihm die Möglichkeit bot, seine wissenschaftliche Forschung voranzutreiben. Das „Forschungsmaterial" waren die Häftlinge, aus denen er willkürlich unzählige Versuchspersonen auswählte. Im Zentrum seiner Arbeit stand die Zwillingsforschung. Zu diesem Zweck tötete Mengele unzählige Häftlinge, darunter viele Kinder.

Josef Mengele (1911-1979)

Aufgabe 1: *Informiere dich im Internet oder in Lehrbüchern über Dr. Mengele.*

„(…) traf ich drei Häftlingsärzte beim Sezieren der Leichen dieser Kinder an. Ich fragte, was das für Leichen waren. Die Ärzte antworteten darauf, dass die Kinder von Mengele mit einer Giftinjektion getötet worden seien, weil sie Merkmale hatten, die Mengele im Zusammenhang mit seinen Forschungen besonders interessierten. Er hatte nämlich festgestellt, dass von den Zwillingspaaren jeder Zwilling ein blaues und ein graues Auge hatte. Bei der Sektion wurden die Augäpfel entfernt und als Ausstellungsstücke nach Berlin geschickt." (Zitat SS-Oberscharführer Erich Mußfeldt, 1947).

Aufgabe 2: *Welches Menschenbild muss Mengele laut dieser Zeitzeugenaussage wohl gehabt haben?*

Hat sich denn keiner gewehrt?

Der Widerstand

Als antifaschistischer Widerstand wird der Widerstand von Einzelpersonen, Gruppen sowie Institutionen wie Gewerkschaften, Kirchen oder politischen Parteien im Dritten Reich und den davon besetzten Staaten während der Zeit des Nationalsozialismus bezeichnet. Innerhalb Deutschlands gab es viele Menschen, die sich dem Terror widersetzten. Auch in allen besetzten Staaten traten Menschen auf, die teilweise als Partisanen aktiv gegen Hitler-Deutschland und für ihre Freiheit kämpften.

Aufgabe 1: *Was versteht man unter Widerstand und warum erforderte der Widerstand sehr viel Mut und Entschlossenheit von den Beteiligten?*

Aufgabe 2: *Teilt euch in Gruppen auf. Jede Gruppe nimmt sich einer Widerstandszelle an und recherchiert, in wie fern diese Institutionen oder Personen Widerstand geleistet haben. Tragt eure Ergebnisse zusammen und gestaltet ein Tafelbild.*

Selbstverständlich können weitere Gruppen oder Personen hinzugefügt werden.

Adel	Militär	Studenten	SPD
Georg Elser	Juden	Kommunisten	Kreisauer Kreis

Dr. Tod – Der KZ-Arzt
Dr. Josef Mengele

Das Grauen der NS-Zeit

Lösungen

Aufgabe 1: Josef Mengele (1911-1979) war Mediziner. Die ersten Kriegsjahre verbrachte er als Feldarzt der Waffen-SS an der Front und ab 1943 diente er als Lagerarzt im KZ Auschwitz. In dieser Funktion nahm er Selektionen vor, überwachte die Vergasung der Opfer und führte menschenverachtende medizinische Experimente an Häftlingen durch. Er sammelte Material und betrieb Studien zur Zwillingsforschung, zu Wachstumsanomalien, zu Methoden der Unfruchtbarmachung von Menschen und Transplantation von Knochenmark sowie zur Therapie von Fleckfieber und Malaria. Nach dem Ende des Zweiten Weltkriegs wurde er zwar als NS-Kriegsverbrecher gesucht, aber nie gefasst. Im Jahr 1979 ertrank Mengele während eines Badeurlaubs in Brasilien, weil er während des Schwimmens einen Schlaganfall erlitten hatte. Er wurde für seine Verbrechen nie zur Rechenschaft gezogen.

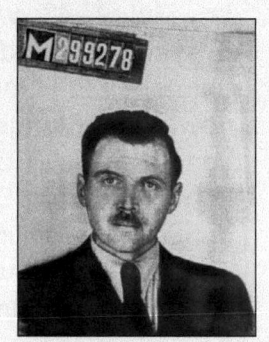
Josef Mengele (1911-1979)

Aufgabe 2: individuelle Lösungen

Mengele tötete mehrere Kinder eigenhändig durch Giftinjektionen ins Herz, nur mit dem Ziel, die Augen dieser Kinder untersuchen zu können. Dieser Tatbestand, sowie unzählige Augenzeugenberichte, lassen vermuten, dass das Leben für Mengele eine untergeordnete Rolle spielte und er dem NS-Rassenwahn und der NS-Ideologie gänzlich verfallen war.

Hat sich denn keiner gewehrt?

Der Widerstand

Lösungen

Aufgabe 1: Widerstand gegen die Nazi-Herrschaft konnte aktiv, also mit Waffengewalt oder auch subtiler in Form von Befehlsverweigerung oder verbotene Handlungen, wie das Verstecken oder das Unterstützen von Verfolgten erfolgen. Ziel des Widerstandes war es, mit gezielten Attentaten oder in Form unzähliger kleiner „Nadelstiche" den NS-Apparat ins Stolpern zu bringen. Die Beteiligung am Widerstand war lebensgefährlich. Unzählige überführte Widerstandskämpfer wurden hingerichtet.

Aufgabe 2: individuelle Lösung, als Idee für das Tafelbild:

Der zivile Widerstand – „Die weiße Rose"

Der Widerstand

Nicht jeder Deutsche stand hinter den Taten der Nazis. Da aber selbst kritische Äußerungen teilweise mit einer Hinrichtung bestraft wurden, schwiegen die meisten. Das Dritte Reich war ein totalitärer Staat, bei dem der Staat in allen Lebensbereichen der Menschen die Kontrolle übernahm. Dennoch gab es mutige Menschen, die unter Einsatz ihres Lebens gegen das Regime arbeiteten. Teilweise halfen Einzelpersonen Verfolgten zur Flucht oder verbreiteten Flugblätter, um das Volk auf das Unrecht aufmerksam zu machen. Es gab auch Organisationen, die organisierten Widerstand leisteten. Eine der bekanntesten deutschen Widerstandsgruppen war die „Weiße Rose", eine Gruppe von Studenten um die Geschwister **Hans** und **Sophie Scholl**.

Hans Scholl

Sophie Scholl

Aufgabe 1: *Was versteht man unter einem „totalitären Staat"?*

Aufgabe 2: *Welche Gründe gab es für den Widerstand gegen die Nationalsozialisten?*

Aufgabe 3: *Wofür wurde die „Weiße Rose" von den Nazis gejagt?*
Was geschah mit den Geschwistern Scholl?

Der militärische Widerstand – Claus Schenk Graf von Stauffenberg

Der Widerstand

Es gab nicht nur zivilen Widerstand, auch innerhalb des Militärs organisierten sich Widerstandskreise. Insgesamt sind fast 40 Attentate auf Adolf Hitler dokumentiert: Vor dem Krieg überwiegend von Zivilisten geplant, nach Kriegsausbruch fast ausschließlich von Wehrmachtangehörigen durchgeführt.

Aufgabe 1: *Warum wurden die Attentate nach Ausbruch des Krieges vermehrt durch Offiziere ausgeführt?*

„Eines der bekanntesten Attentate auf Hitler erfolgte am 20. Juli 1944 im Führerhauptquartier Wolfsschanze in Ostpreußen. Oberst Claus Schenk Graf von Stauffenberg platzierte dabei eine Bombe unter dem Tisch, bei deren Detonation Hitler nur leicht verletzt wurde. In der Folge wurden Stauffenberg und rund 200 weitere Offiziere und Politiker hingerichtet, die an dem großangelegten Umsturzversuch beteiligt waren."

C. S. Graf von Stauffenberg (1907-1944)

Aufgabe 2: *Was war die „Operation Walküre"?*
Informiere dich im Internet oder in Lehrbüchern.

Aufgabe 3: *Welches Schicksal ereilte Graf von Stauffenberg?*
Welche Pläne hatte Hitler mit der Familie von Stauffenberg?

Der zivile Widerstand – „Die weiße Rose"

Der Widerstand

Lösungen

Aufgabe 1: In einem „totalitären Staat" werden alle Bereiche des politischen, gesellschaftlichen und privaten Lebens komplett erfasst und überwacht. Das jeweilige totalitäre Regime hat das System installiert, mit dem man auch den kleinsten Bürger ausspioniert. Jede Verfehlung, und sei es nur eine kritische Äußerung, wird brutal verfolgt, um Widerstand im Keim zu ersticken.

Aufgabe 2: Das Grundgefühl, dass etwas Unrechtes in Deutschland vorgeht, keimte in vielen Menschen auf. Doch die allerwenigsten trauten sich, wirklich Widerstand zu leisten. Politische, religiöse oder moralische Gründe waren dabei der Antrieb. Der Widerstand war größtenteils nicht militant, sondern basierte auf kritischen Flugblättern oder der Unterstützung von Verfolgten.

Aufgabe 3: Im Juni 1942 wurde die Gruppe gegründet und bestand bis zum Februar 1943. Die Mitglieder der Weißen Rose verfassten, druckten und verteilten insgesamt sechs Flugblätter unter Lebensgefahr, in denen zum Widerstand gegen den Nationalsozialismus aufgerufen wurde. Am 18. Februar 1943 verteilten die Geschwister Scholl ihre Flugblätter an der Universität von München. Dabei wurden sie erwischt und inhaftiert. Insgesamt fielen der Gestapo dadurch die Namen mehrere Mitglieder der „Weißen Rose" in die Hände. Sie wurden allesamt zum Tode verurteilt. Hans und Sophie Scholl wurden in einem Blitzverfahren schuldig gesprochen und bereits am 22. Februar 1943 durch das Fallbeil hingerichtet. Ihr Grab befindet sich am Perlacher Forst in München.

Der militärische Widerstand – Claus Schenk Graf von Stauffenberg

Der Widerstand

Lösungen

Aufgabe 1: Als Gründe gelten das soldatische Ehrgefühl der Offiziere, die sich der sich abzeichnenden Niederlage und dem Bekanntwerden von Massenmorden insbesondere in Osteuropa und in den KZs bewusst waren. Das Vorgehen des Nazi-Regimes hatte nichts mit ritterlichem Kampf zu tun, sondern war ein unmenschlicher Vernichtungskrieg, dem unzählige Zivilisten zum Opfer fielen. Darüber hinaus war es nach Ausbruch des Krieges für Zivilisten äußerst schwierig, Hitler nahe genug zu kommen.

C. S. Graf von Stauffenberg

Aufgabe 2: Ursprünglich war „Walküre" der Plan der deutschen Wehrmacht, einen möglichen Aufstand zu unterdrücken. Dabei sollten Soldaten des Ersatzheeres kriegswichtige Punkte in Berlin und anderen größeren Städten besetzen und gegen Aufständische vorgehen. Auf ein gegebenes Signal mussten alle verfügbaren Truppen zu verstärkten Regimentern bzw. Kampfgruppen formiert, bewaffnet und mit Munition versorgt sein. „Walküre" wurde von den Widerstandskämpfern um Graf von Stauffenberg für ihren Umsturzplan umfunktioniert.

Aufgabe 3: Stauffenberg wurde nach dem misslungenen Attentat vom 20. Juli am folgenden Tag in Berlin hingerichtet. Hitler wollte es dabei nicht belassen: Er plante, die Familien der Verschwörer zu ermorden und die Familiennamen auszulöschen. Stauffenbergs schwangere Ehefrau Nina wurde in das Konzentrationslager Ravensbrück deportiert, wo das fünfte Kind Konstanze zur Welt kam. Es gab zudem Pläne, die Kinder der Widerstandskämpfer zur Adoption freizugeben.

Die Rote Kapelle ! Der Widerstand

Als Rote Kapelle wurden von der Gestapo verschiedene Gruppen mit Kontakten zur Sowjetunion zusammengefasst, die Widerstand gegen den Nationalsozialismus leisteten. Dazu gehörten unter anderem der deutsche Luftwaffenoffizier Harro Schulze-Boysen und der Ökonom Arvid Harnack in Berlin sowie – unabhängig von diesen – die vom polnischen Kommunisten Leopold Trepper aufgebauten nachrichtendienstlichen Gruppen in Paris und Brüssel. Viele Mitglieder der Roten Kapelle wurden enttarnt und hingerichtet.

Aufgabe: *Informiere dich über Harro Schulze-Boysen und Arvid Harnack, die stellvertretend für die vielen Mutigen der Roten Kapelle stehen.*

H. Schulze-Boysen (1909-1942)

Widerstand im besetzten Ausland ! Der Widerstand

In jedem durch die Wehrmacht besetzten Land gab es mehr oder weniger gut organisierten Widerstand. Der bedeutendste Widerstand kam von französischen und belgischen Gruppen, zusammenfassend als Résistance bezeichnet. Viele Frauen waren in der Résistance aktiv, etwa bei der Informationsbeschaffung, Sabotageaktionen und Fluchthilfe. 1940 entstand die Vereinigung „Freies Frankreich" unter Charles de Gaulle. Militärisch wurde der Widerstand erst ab Sommer 1943 bedeutsam. Ab diesem Zeitpunkt setzte die Wehrmacht eigene Truppen ein, um den Widerstand zu bekämpfen.

Französische Widerstandskämpfer werden von Angehörigen der französischen Miliz bewacht (07. Juli 1944)

Aufgabe 1: *Warum kam es zur Gründung der Résistance?*

Aufgabe 2: *Warum war es gerade für die Franzosen besonders schwer, die Kriegserlebnisse nach Kriegsende aufzuarbeiten? Beachte das Foto, auf dem Résistance-Kämpfer von französischen Soldaten gefangengenommen wurden.*

Die Rote Kapelle

Der Widerstand

Lösungen

Aufgabe: Harro Schulze-Boysen (1909-1942) war Offizier der Luftwaffe. Er hatte Rechtswissenschaften studiert und war mit unzähligen Widerstandsbewegungen in Kontakt. Er entwickelte früh ein starkes Interesse am Sowjetsystem

Arvid Harnack (1901-1942) war Jurist und Wirtschaftswissenschaftler. Auch Harnack kam mit der kommunistischen Ideologie in Kontakt und sympathisierte damit.

Schulze-Boysen bildete gemeinsam mit Arvid Harnack eine Widerstandsgruppe, die militärische Informationen an den russischen Geheimdienst weitergab. Als die Gestapo einen Funkspruch des sowjetischen Geheimdienstes abfing und dechiffrierte, in dem die Namen der beiden Verschwörer genannt wurden, kam es zur Verhaftung. beide Männer wurden zum Tod durch Erhängen verurteilt und 1942 hingerichtet.

H. Schulze-Boysen (1909-1942)

Widerstand im besetzten Ausland

Der Widerstand

Lösungen

Aufgabe 1: Die Résistance in Frankreich entstand unmittelbar nach dem Waffenstillstand von Marschall Pétain mit Deutschland am 22. Juni 1940. Anfangs waren es nur wenige Tausend Menschen, die die deutsche Besetzung nicht einfach erdulden wollten. Ihr Ziel war das planmäßige Vorgehen gegen die Besatzer.

Aufgabe 2: Frankreich war zweigeteilt. Es gab eine besetzte Zone, sowie das weitgehend unabhängige Vichy-Frankreich, das mit Deutschland kollaborierte.
Die Résistance war überall tätig. Vielerorts kam es in der fünfjährigen Besatzungszeit zu Liebesbeziehungen zwischen einheimischen Frauen und Wehrmachtssoldaten. Viele Franzosen arbeiteten mit den Deutschen zusammen. Nach dem Krieg galt es vielen Franzosen als tabu, über die Kollaboration von Franzosen mit Deutschen während der Besatzungszeit zu sprechen. Die Résistance-Kämpfer wurden verehrt. Es gab aber auch unzählige Deutsche, die sich dem französischen Widerstand anschlossen. Auch diese Männer sind bis heute hoch angesehen in Frankreich. Die Wirren dieser Jahre lassen eine einheitliche Aufarbeitung des Themas nur bedingt zu.

Die führenden Köpfe der Alliierten !

Der weltweite Krieg

Aufgabe: Recherchiere im Internet über die führenden Köpfe der Alliierten und erstelle einen kleinen Steckbrief zu den abgebildeten Personen.

Sir W. Churchill

F. D. Roosevelt

J. W. Stalin

Steckbrief

Name: _____

Geboren am: _____

Gestorben am: _____

Funktion: _____
_____

Sonstiges _____
_____
_____
_____

Der U-Bootkrieg

Der weltweite Krieg

Die U-Bootflotte unter Befehl von Dönitz war eine strategisch wichtige Waffe der deutschen Wehrmacht. Die U-Boote agierten in Gruppen, sog. Wolfsrudeln, und attackierten bevorzugt Handelsschiffe. Mit der Versenkung von Munition, Waffen oder anderen Gütern wollte Dönitz die Nachschubwege der Alliierten abschneiden. Die U-Boote kommunizierten mit dem „Enigma-Code", einer verschlüsselten Funksprache, die im englischen Bletchley Park Ende 1942 entschlüsselt werden konnte. Im Verlauf des Krieges kamen 863 deutsche U-Boote zum Kampfeinsatz. Nach der Entschlüsselung der Enigma verloren die U-Boote an Bedeutung. 784 der 863 U-Boote gingen verloren (über 90 % Verlustrate). Über 30.000 der 40.000 deutschen U-Boot Soldaten blieben auf

U37 nahm an 11 Feinfahrten mit und versenkte 55 alliierte Schiffe. Am 05. Mai 1945 selbstversenkt.

See. Insgesamt versenkten die deutschen U-Boote nachweislich 3057 alliierte Schiffe, dabei starben über 30.000 Menschen.

Ein Augenzeuge, der mit U96 an Feindfahrten teilnahm, äußerte sich nach Kriegsende so: „Die U-Boote wurden „Eiserne Särge" genannt. (...) die Verlustquote war bei den U-Boot-Männern so hoch wie bei keiner anderen Waffe. Viele von ihnen waren noch nicht einmal Männer – in Wirklichkeit waren es halbe Kinder. Wir hatten 16-jährige an Bord, gegen Kriegsende gab es 19-jährige Leitende Ingenieure und 20-jährige Kommandanten, in einer Art Schnellbrütverfahren frontreif gemacht, um auf eine der fürchterlichsten Weisen vom Leben zum Tode befördert zu werden. Ich habe mich immer dagegen gewehrt, dass es in Todesnachrichten von U-Boot-Fahrern hieß, sie seien gefallen. Sie sind abgesoffen, ersäuft wie überzählige Katzen im Sack."

Aufgabe 1: Welche Missstände spricht der Augenzeuge an?

Aufgabe 2: Stell dir vor, du bist auf Feindfahrt in einem U-Boot. Beschreibe deine Gedanken.

Die führenden Köpfe der Alliierten

Der weltweite Krieg

Lösungen

<u>Sir Winston Churchill</u> geb. 30. November 1874 in Woodstock / gest. 24. Januar 1965 in London / von 1940 bis 1945, sowie von 1951 bis 1955 Premierminister von Großbritannien / erhielt 1953 den Nobelpreis für Literatur.

<u>Franklin D. Roosevelt</u> geb. 30. Januar 1882 in Hyde Park, New York / gest. 12. April 1945 in Warm Springs, Georgia (USA) / von 1933 - 1945 der 32. Präsident der USA / Roosevelt erkrankte 1921 schwer an einer Nervenlähmung, die ihn an den Rollstuhl fesselte.

<u>Josef W. Stalin</u> geb. 18. Dezember 1878 in Gori (heutiges Staatsgebiet Georgien) / gest. 05. März 1953 in Kunzewo bei Moskau / von 1922 bis 1953 Generalsekretär der KPdSU (Kommunistische Partei der Sowjetunion) und ab 1941 Oberbefehlshaber der russischen Streitkräfte / Stalin krempelte das zaristische Russland radikal um, wobei er unzählige andersdenkende Menschen inhaftierte oder direkt ermorden ließ (Schätzungen sprechen von bis zu 20 Millionen Opfer dieser „Stalinschen Säuberung"). Stalin agierte als totalitärer Diktator bis zu seinem Tod.

Der U-Bootkrieg

Der weltweite Krieg

Lösungen

Aufgabe 1: Die U-Boot Flotte hatte mit ihrer „Wolfsrudel-Taktik" eine entscheidende Rolle in den ersten Kriegsjahren gespielt. Die U-Boote operierten weltweit und kommunizierten auf verschlüsseltem Weg (Enigma) miteinander. Nach der Entschlüsselung der Enigma wurde das Leben als U-Boot-Soldat zu einem Selbstmordeinsatz. Drei von vier Soldaten blieben auf See, über 90 % der deutschen U-Boote wurden versenkt. Gegen Ende des Krieges gab es keine gut ausgebildeten U-Boot Soldaten mehr, sodass unzählige Jungen aus der HJ in einem Schnellverfahren mit der U-Boot Technik vertraut gemacht wurden und auf Feindfahrt geschickt wurden. Der Mangel an Erfahrung und die entschlüsselte Enigma wurden diesen Kindern zum Verhängnis. Der Tod in einem versenkten U-Boot gilt als besonders grausam.

Aufgabe 2: individuelle Lösung/zu den Fakten:
Ein U-Boot auf Feindfahrt taucht mit einer Höchstgeschwindigkeit von 7 Knoten (13 km/h) und nähert sich feindlichen Schiffen, die häufig von Kriegsschiffen (Zerstörer) als Begleitschutz verteidigt wurden. In den U-Booten war es aufgrund der Wassertemperatur immer kalt und feucht. Kleidung oder Matratze schimmelten. Mehrere Soldaten teilten sich eine Koje, es wurde im Schichtbetrieb geschlafen. Die Nahrung neigte ebenfalls dazu, schnell zu schimmeln. Im U-Boot musste absolute Ruhe herrschen, da die Zerstörer die U-Boote teilweise durch Horchen entdeckten. Bei Gefahr warfen die Zerstörer unzählige Wasserbomben ins Meer, wobei ein Treffer ein Leck ins U-Boot schlagen konnte, was das Sinken des Bootes zur Folge hatte.

Der Afrikafeldzug ★ Der weltweite Krieg

Unter dem Begriff Afrikafeldzug sind die militärischen Operationen der Wehrmacht und ihrer Verbündeten (Achsenmächte) gegen die Alliierten in Libyen, Ägypten und Tunesien im Zeitraum vom 09. September 1940 bis zum 13. Mai 1943 bekannt. Ziel des Feldzugs war die Erlangung der Vorherrschaft in Nordafrika. Den Auslöser machten Angriffe italienischer Soldaten unter Befehl des italienischen Staatschefs Benito Mussolini auf britische Stellungen in Nordafrika. Den deutschen Oberbefehl in Afrika hatte Generalfeldmarschall Erwin Rommel. Nach anfänglichen Erfolgen erhielt Rommel den Beinamen „Wüstenfuchs". Die klimatischen Bedingungen in Nordafrika stellten extreme Herausforderungen für Männer und Maschinen dar. Letztendlich konnte die Wehrmacht der alliierten Übermacht nichts mehr entgegensetzen und musste Nordafrika und damit den südlichen Mittelmeerraum aufgeben.

B. Mussolini (1883-1945)

E. Rommel (1891-1944)

Aufgabe 1: *Warum war Nordafrika ein Kriegsschauplatz von großer Bedeutung?*

Aufgabe 2: *Das Afrikakorps war durch die unmenschliche Umgebung, die Erfolge und die Medien geradezu zum Sinnbild deutschen Kampfeswillens stilisiert worden. Mit Rommels spektakulären Anfangserfolgen stand der Generalfeldmarschall im Rampenlicht der Öffentlichkeit. Erstelle einen Steckbrief zum „Wüstenfuchs" Erwin Rommel.*

Aufgabe 3: *Wie viele Menschenleben forderte der Afrikafeldzug auf beiden Seiten? Informiere dich im Internet. Was geschah mit den überlebenden Soldaten?*

Die Rolle Japans ! Der weltweite Krieg

Während des Zweiten Weltkrieges bildete Japan unter der Führung von Kaiser Hirohito eine Allianz mit Deutschland und Italien. Gemeinsam wurden sie als Achsenmächte bezeichnet. Den Oberbefehl über die Kaiserlich-Japanische Armee lag bei General Tōjō Hideki, der von 1941-1944 auch das Amt des japanischen Premierministers innehatte. Somit war er auch für den Angriff auf Pearl Harbor verantwortlich.

Hirohito (1901-1989)

Aufgabe 1: *Erkundige dich über Kaiser Hirohito. Welche Rolle hatte er im Krieg?*

Aufgabe 2: *Erkundige dich über General Tōjō Hideki. Welche Rolle hatte er im Krieg?*

Aufgabe 3: *Wie bewertest du die unterschiedlichen Folgen für den Kaiser und seinen General?*

Tōjō Hideki (1884-1948)

Bereits vor Beginn des Krieges in Europa wütete seit dem 07. Juli 1937 der sogenannte Zweiten Japanisch-Chinesischen Krieg in Ostasien und dem Pazifik, wobei Japan und China die Hauptakteure waren. Mit dem Angriff der japanischen Luftwaffe auf den amerikanischen Hafen Pearl Harbor war Japan für den Kriegseintritt der USA verantwortlich (Pazifikkrieg).

Aufgabe 4: *Erkundige dich über die Opferzahlen der kriegerischen Handlungen im Osten Asiens auf Seiten von Japan, China und der Alliierten (USA, Indien, Australien, Holland, Neuseeland).*

Der Afrikafeldzug

Der weltweite Krieg

Lösungen

Aufgabe 1: Hitler wollte das Mittelmeer unter Kontrolle halten. Nach der Niederlage in Nordafrika konnten sich die Alliierten hier festsetzen und eine Landung auf Sizilien vorbereiten. Mit dieser Landung wurde am 10. Juli 1943 die von Hitler so gefürchtete neue Front im Süden Europas eröffnet, die innerhalb weniger Tage zum Sturz Mussolinis und dem Seitenwechsel Italiens führte.

Aufgabe 2: Johannes Erwin Eugen Rommel wurde am 15. November 1891 in Heidenheim an der Brenz geboren. Rommel hatte mehrere Aufgaben übernommen, wobei der Afrikafeldzug die wohl bekannteste war. Bereits im Juni 1944 brachte er Hitler seine Meinung nahe, dass der Krieg auf militärischem Wege nicht mehr zu gewinnen sei. Am 17. Juli 1944 wurde er bei einem Tieffliegerangriff schwer verwundet. Aufgrund der Verwundung musste er den Oberbefehl über seine Truppen abgeben und sich zur Erholung in sein Haus in Herrlingen begeben. Rommel wurde immer eine Nähe zum militärischen Widerstand nachgesagt, bewiesen wurde es nie. Aufgrund seiner Äußerungen wurde Rommel am 14. Oktober 1944 dazu gezwungen, eine Zyankalikapsel (Cyanid) zu nehmen. Sein erzwungener Suizid wurde verschleiert und von der Nazipropaganda missbraucht.

B. Mussolini (1883-1945)

E. Rommel (1891-1944)

Aufgabe 3: Über 230.000 deutsche und italienische Soldaten gerieten in Kriegsgefangenschaft, da Hitler keine Rückverschiffung nach Europa erlaubte.

Nation	Deutschland	Italien	Großbritannien	Amerika
Tote Soldaten	18.600	13.700	35.500	16.500

Die Rolle Japans

Der weltweite Krieg

Lösungen

Aufgabe 1: Kaiser Hirohito (1901-1989) war der 124. Kaiser Japans (Tenno) und regierte von 1926 bis zu seinem Tod. Seine Regierungszeit war die längste in der Geschichte der japanischen Monarchie. Seine Rolle im Krieg wird kontrovers diskutiert, während manche Historiker ihm die alleinige Hauptschuld geben, bezeichnen ihn andere als eine machtlose Marionette. Nach Bekanntwerden der Gräueltaten der japanischen Armee im Krieg distanzierte sich Hirohito von General Tōjō Hideki.

Aufgabe 2: Wegen der Verbrechen, die unter seiner Führung begangen wurden, gilt Tōjō Hideki (1884-1948) als verantwortlich für die Ermordung von mindestens 14 Millionen (!) Chinesen. Er hatte außerdem gebilligt, dass biologische Experimente an Kriegsgefangenen durchgeführt, sowie Tausende Chinesen und Koreaner als Zwangsarbeiter nach Japan verschleppt wurden. In den Tokioter Prozessen am 12. November 1948 wurde er wegen unzähliger Kriegsverbrechen zum Tode durch den Strang verurteilt und wenige Tage später hingerichtet.

Hirohito (1901-1989)

Tōjō Hideki (1884-1948)

Aufgabe 3: Eine abschließende Bewertung wird durch die Tatsache erschwert, dass die japanische Armeeführung nach Ende des Kriegs versuchte, ihren Kaiser aus dem Fokus des Interesses zu nehmen und konsequent belastende Unterlagen vernichtete bzw. bereitwillig die Verantwortung für das Geschehen während des Kriegs übernahm. Im asiatischen Raum wird die japanische Kaiserfamilie noch heute für die Kriegsverbrechen verantwortlich gemacht.

Aufgabe 4:

Nation	Japan	China	Alliierte
Tote Soldaten und Zivilisten	1.700.000	14.000.000	300.000

Pearl Harbor 1941 – Die USA treten in den Krieg ein

Der weltweite Krieg

Der Angriff auf Pearl Harbor durch die Kaiserlich-Japanischen Marineluftstreitkräfte auf die in Pearl Harbor auf Hawaii vor Anker liegende Pazifikflotte der USA erfolgte ohne Vorwarnung oder vorherige Kriegserklärung am 07. Dezember 1941. Ziel der Bombardierung war die Ausschaltung der US-Marine für eine begrenzte Zeit, damit Japan die nach Meinung seiner Führung benötigten Rohstoffgebiete in Südostasien erobern konnte. Bis zu jenem Tag hatte ein Angriff auf den Stützpunkt auf Hawaii aufgrund der großen Entfernung zu Japan als unwahrscheinlich gegolten. Der verantwortliche Admiral der japanischen Marine war **Yamamoto Isoroku** (1884-1943).

Y. Isoroku (1884-1943)

Aufgabe 1: *Die amerikanische Flotte wurde durch den Angriff auf Pearl Harbor schwer geschwächt. Erkundige dich über die Bilanz des Angriffs.*

Aufgabe 2: *Was war die direkte Folge des Angriffs für die USA und für Deutschland?*

Ein Hauptanliegen des japanischen Flugzeugangriffes war die Zerstörung der amerikanischen Flugzeugträger USS Enterprise, USS Lexington und USS Saratoga. Keines dieser Schiffe war zum Zeitpunkt des Angriffes im Hafen von Pearl Harbor. So blieben diese wichtigen Kriegsmaschinen verschont.

Aufgabe 3: *Warum waren die Flugzeugträger die bevorzugten Ziele des Angriffes?*

Der totale Krieg ab 1943

Der weltweite Krieg

Nach der Kriegserklärung an die USA standen Nazi-Deutschland und die Verbündeten (Achsenmächte) knapp die Hälfte der Weltbevölkerung gegenüber. Der Krieg wurde zum Weltkrieg. Mittlerweile wurden die deutschen Truppen an allen Fronten zurückgedrängt. Der Rückhalt in der deutschen Bevölkerung sank. Es breitete sich eine Kriegsmüdigkeit aus. Daraufhin fragte Propagandaminister Josef Goebbels in seiner Radioansprache an die deutsche Bevölkerung: „Wollt ihr den totalen Krieg? Wollt ihr ihn, wenn nötig, totaler und radikaler, als wir uns heute überhaupt noch vorstellen können?"

Aufgabe 1: *Recherchiere im Internet oder in Büchern, welche Staaten als Verbündete Deutschlands ebenfalls zu den Achsenmächten gehörten.*

Aufgabe 2: *Recherchiere im Internet oder in Büchern, welche Staaten als Alliierte bezeichnet wurden und gegen die Achsenmächte kämpften.*

Aufgabe 3: *Welche Nationen wurden von Deutschland oder den Verbündeten angegriffen und besetzt, sodass sich in diesen Ländern nur noch Untergrundaktivisten gegen die Besatzer wehrten?*

Aufgabe 4: *Welche Nationen erklärten Deutschland den Krieg, nahmen aber nicht aktiv daran teil?*

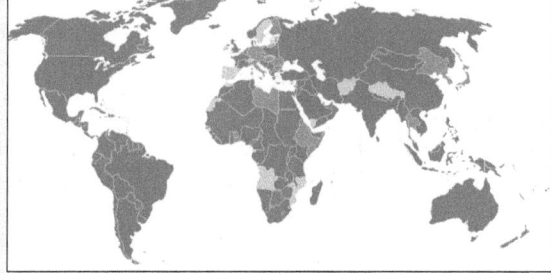

Pearl Harbor 1941 – Die USA treten in den Krieg ein

Der weltweite Krieg

Lösungen

Aufgabe 1: Bei der amerikanischen Flotte wurden 21 Kriegsschiffe versenkt oder schwerstbeschädigt. 323 Flugzeuge wurden zerstört oder beschädigt, zum Großteil wurden sie noch am Boden kampfunfähig geschossen. Über 2400 Soldaten starben, etwa 1200 verwundet. Auf japanischer Seite waren die Verluste geringer als erwartet, lediglich 29 der angreifenden Flugzeuge wurden zerstört, wobei 65 Soldaten den Tod fanden.

Aufgabe 2: Bis zum Angriff auf Pearl Harbor nahmen die USA nicht aktiv am Krieg teil, da der Rückhalt in der Bevölkerung nicht ausreichend groß war. Nach dem Angriff kippte die Stimmung im amerikanischen Volk. Am 08. Dezember 1941 erklärten die USA Japan den Krieg. Am 11. Dezember übersandte Hitler seine Kriegserklärung an die USA. Mit diesem Ereignis verbanden sich der Krieg in Europa und der Krieg im Pazifik. Von nun an konnte von einem weltweiten Krieg gesprochen werden. Der Schock von Pearl Harbor beeinflusste auch die spätere amerikanische Haltung gegenüber Japan.

Y. Isoroku (1884-1943)

Aufgabe 3: Japan ist eine Insel. Daher konnte Japan nur über den Seeweg oder durch Luftangriffe gefährdet werden. Japan wollte die amerikanischen Flugzeugträger zerstören, da sie die größte Gefahr für die japanische Heimat bedeuteten. Ein Flugzeugträger kann Bomber in unmittelbare Küstennähe bringen, sodass die Flugzeuge ihre Fracht bis weit ins Land bringen können. Damit konnten auch die großen Industriestädte Japans direkt bedroht werden.

Der totale Krieg ab 1943

Der weltweite Krieg

Lösungen

Aufgabe 1: Neben Deutschland, Japan und Italien gehörten auch Finnland, die Slowakische Republik, Ungarn, Bulgarien, Kroatien, Rumänien und Thailand zu den Achsenmächten. Einige dieser Länder wechselten im Kriegsverlauf die Seiten und schlossen sich den Alliierten an.

Aufgabe 2: Großbritannien, Sowjetunion, Frankreich und USA bildeten den Kern der Alliierten. Gemeinsam mit diesen Nationen nahmen Kanada, Mexiko, Brasilien und Australien aktiv an Kämpfen teil. Ebenfalls waren Soldaten aus dem britischen Commonwealth beteiligt, wie beispielsweise Indien, Neuseeland oder Südafrika. Insgesamt stand Deutschland mit 49 Ländern im Krieg.

Aufgabe 3: Polen, China, Norwegen, BeNeLux-Länder, Griechenland, Jugoslawien, Philippinen, Tschechoslowakei, Dänemark, Äthiopien

Aufgabe 4: Costa Rica, Guatemala, Kuba, Panama, Dominikanische Republik, El Salvador, Haiti, Honduras, Nicaragua, Bolivien, Kolumbien, Liberia, Ecuador, Paraguay, Peru, Chile, Venezuela, Uruguay, Saudi-Arabien und Argentinien. Argentinien erklärte Deutschland erst im März 1945 den Krieg, also sehr spät (eher symbolisch).

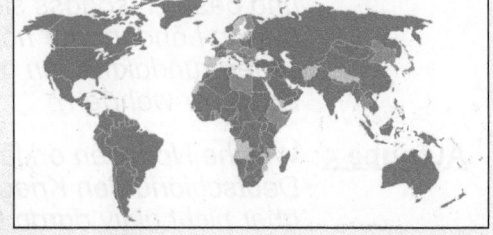

D-Day – Die Landung in der Normandie 1944

Der weltweite Krieg

Als D-Day wird der 06. Juni 1944 bezeichnet – der Tag, an dem die Landung alliierter Truppen in der Normandie begann und damit die lang geplante Eröffnung einer Westfront der Anti-Hitler-Koalition. Über 155.000 alliierte Soldaten aus den USA, Großbritannien, Kanada, Frankreich, Polen, Neuseeland und weiteren Nationen gingen an fünf Küstenabschnitten an Land. Die Überfahrt von England dauerte je nach Route bis zu 17 Stunden und war für viele Soldaten anstrengend: Seekrankheit, Nässe und Kälte schwächten sie bereits vor dem Einsatz. Zum Angriff gehörten rund 3100 Landungsboote mit schweren Waffen, geschützt von etwa 1200 Kriegsschiffen und 7500 Flugzeugen. Am Ende des Tages hatte die Operation zwar Erfolg, doch rund 10.000 Soldaten auf beiden Seiten verloren dabei ihr Leben.

Aufgabe 1: *Als die Invasion begann, wartete die Wehrmacht auf Verstärkung durch die Truppenverlegung nahe gelegener Divisionen. Recherchiere, warum es hier zu einer Verspätung kam?*

Aufgabe 2: *Welche symbolische Bedeutung hatte die Landung der Alliierten in der Normandie?*

Aufgabe 3: *Heinrich Severloh erlangte traurige Berühmtheit. Seine Geschichte wurde 2004 in dem zweistündigen Fernsehbeitrag „Todfeinde von Omaha Beach – die Geschichte einer ungewöhnlichen Freundschaft" verfilmt. Erkundige dich im Internet über Hein Severloh, die „Bestie von Omaha Beach".*

Casablanca & Teheran – Die Anti-Hitler-Koalition

Das Ende des Krieges

Die „Großen Drei" während der Konferenz von Teheran

Der gemeinsame Kampf gegen Hitler und die Nationalsozialisten hatte die USA, Großbritannien und die Sowjetunion zusammengeführt (Anti-Hitler-Koalition). Auf der ersten Konferenz vom 14 - 24. Januar 1943 trafen sich Churchill und Roosevelt in **Casablanca**. Aufgrund der Schlacht um Stalingrad konnte Stalin nicht an dieser Konferenz teilnehmen. Auf der Konferenz verkündeten die Alliierten erstmals öffentlich ihre Kriegsziele, darunter die Forderung nach bedingungsloser Kapitulation der Achsenmächte. Es wurde beschlossen, dass der Luftkrieg auf deutsche Städte verstärkt werden sollte. Vom 28. November bis zum 01. Dezember 1943 fand die zweite Konferenz in **Teheran** statt. Auf dieser „Konferenz der Großen Drei" wurde die Frage erörtert, was aus Deutschland nach dem Krieg werden sollte und wie Europa nach dem Krieg neu geordnet werden würde. Die westlichen Alliierten einigten sich auf eine Invasion in Frankreich, wobei Stalin zeitgleich eine Großoffensive im Osten starten sollte. Ein solcher Zweifrontenkrieg sollte Hitler-Deutschland bezwingen.

Aufgabe 1: *Was versteht man unter der „Anti-Hitler-Koalition"?*

Aufgabe 2: *Was bedeutet eine „bedingungslose" Kapitulation?*

Aufgabe 3: *Welche offiziellen Kriegsziele teilten die Alliierten der Presse mit?*

D-Day – Die Landung in der Normandie 1944

Der weltweite Krieg

Lösungen

Aufgabe 1: Als die Wehrmacht in der Nacht mit der Invasion überrascht wurde, schlief Hitler auf dem Obersalzberg in Berchtesgaden. Niemand wagte es, ihn zu wecken und die schlechte Botschaft zu überbringen. „Der Führer bekommt die Nachricht, wenn er gefrühstückt hat", beschied ein Flügeladjutant des erregten Rüstungsministers Albert Speer. Als Hitler ausgeschlafen hatte, wollte er den Nachrichten aus Frankreich nicht so recht trauen – er glaubte an eine Finte. Die Wehrmacht war den Alliierten militärisch deutlich unterlegen. So standen beispielsweise 160 deutsche Kampfflugzeuge zur Verfügung, um im Luftkampf gegen 12.800 alliierte Flieger anzutreten.

Aufgabe 2: Überall auf der Welt beteten die Menschen für eine erfolgreiche Invasion. In vielen Orten erklangen die Kirchenglocken. Auf der Ausgabe der renommierten Zeitung New York Daily News prangte am 07. Juni 1944 das Vaterunser. Der D-Day galt als entscheidender Hoffnungsschimmer für einen alliierten Sieg und die Aussicht auf Frieden.

Aufgabe 3: Der 20-jährige Soldat Heinrich Severloh diente am D-Day im „Widerstandsnest 62" am Omaha Beach mit einem MG42. Er feuerte zehntausende Schuss auf die anlandenden US-Soldaten ab, bevor er in Gefangenschaft geriet. Manche Schätzungen sprechen davon, dass er für bis zu 2000 Tote und Verwundete verantwortlich war – eine Zahl, die in der Forschung jedoch umstritten ist. Nach dem Krieg suchte Severloh den Kontakt zu einem verwundeten GI, David Silva. Aus den ehemaligen Feinden wurden enge Freunde. Severloh starb 2006 in einem Pflegeheim.

Casablanca & Teheran – Die Anti-Hitler-Koalition

Das Ende des Krieges

Lösungen

Aufgabe 1: Die „Anti-Hitler-Koalition" war der Zusammenschluss der drei Weltmächte USA, Großbritannien und der Sowjetunion. Diese drei Großmächte hatten sich zum Ziel gesetzt, gemeinsame Anstrengungen zu unternehmen, um Hitler zu stoppen.

Aufgabe 2: Eine bedingungslose Kapitulation bedeutet, dass der Verlierer keinerlei Bedingungen stellen darf und der Sieger das politische, militärische und gesellschaftliche Leben vollständig neu ordnen kann.

Aufgabe 3: Die Invasion in Frankreich im Frühling 1944 wurde beschlossen. Hinzu kam eine russische Offensive an der Ostfront. So sollte an zwei Fronten der Druck erhöht werden, um die Deutschen schließlich zu besiegen.

Der Morgenthau-Plan

 Das Ende des Krieges

Der amerikanische Finanzminister Henry Morgenthau vertrat einen radikalen Plan, was mit Deutschland nach dem Krieg geschehen sollte. Der Plan wurde nie umgesetzt.

Henry Morgenthau (1891- 1967)

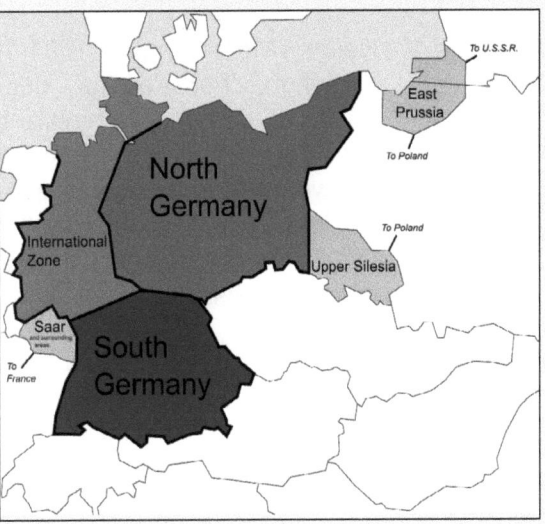

Aufgabe 1: *Informiere dich im Internet oder in Lehrbüchern über Henry Morgenthau.*

Aufgabe 2: *Was sah der „Morgenthau-Plan" für Deutschland vor?*

Deutschland ist umzingelt – Krieg an allen Fronten

 Das Ende des Krieges

Nach der Invasion in der Normandie und der gestarteten Gegenoffensive im Osten Europas durch Stalins Rote Armee stand Hitlers Wehrmacht unter enormem Druck, dem die erschöpften und kriegsmüden Soldaten nicht mehr standhalten konnten. Bereits am 25. August 1944 kapitulierten die deutschen Besatzungstruppen in Paris und übergaben die Stadt an die Alliierten. Am 03. September 1944 wurde Brüssel befreit und bereits am 21. Oktober 1944 wurde mit Aachen die erste deutsche Großstadt befreit. Parallel zu den Anstrengungen im Westen marschierte die Rote Armee in Preußen ein. Am 25. April 1945 trafen amerikanische und sowjetische Truppen nahe der Stadt Torgau an der Elbe erstmals aufeinander, wie auf dem Foto zu sehen ist.

Aufgabe 1: *Hitler gab den Befehl, die Stadt Paris bis zum letzten Mann zu verteidigen. Sollte die Stadt nicht zu halten sein, sollte sie zerstört werden. Wieso wurde Paris aber weder von den Nazis, noch von den Alliierten zerstört?*

Aufgabe 2: *Was hatte das Treffen der amerikanischen und russischen Truppen mitten in Deutschland für Folgen für die militärische Führung der deutschen Truppen?*

Aufgabe 3: *Suche die Stadt Torgau auf einer Landkarte Deutschlands. Die amerikanischen Truppen hatten seit dem Jahresanfang gewaltige Fortschritte in Richtung Osten erzielt. Welche Gründe hatten die westlichen Truppen, ihr Eroberungsbemühungen erheblich zu steigern?*

Der Morgenthau-Plan

Das Ende des Krieges

Lösungen

Aufgabe 1: Henry Morgenthau (1891-1967) war ein US-amerikanischer Politiker, der von 1933 bis 1945 das Amt des Finanzministers der USA innehatte. Die Vorfahren von Morgenthau waren jüdische Auswanderer aus Mannheim. Bis zu seinem Tod im Jahr 1967 blieb Morgenthau der Meinung, dass Deutschland mit harten Bandagen im Zaum gehalten werden müsste.

Aufgabe 2: Der Morgenthau-Plan vom August 1944 war ein von dem US-amerikanischen Finanzminister Henry Morgenthau veranlasster Entwurf zur Umwandlung Deutschlands in einen Agrarstaat nach dem Sieg der Alliierten. Das sollte langfristig verhindern, dass Deutschland je wieder einen Angriffskrieg führen könnte. US-Präsident Franklin D. Roosevelt verwarf den Entwurf nach einigen Wochen; Er gelangte nie in ein konkretes Planungsstadium und war nie zur politischen Realisierung vorgesehen.

Henry Morgenthau (1891- 1967)

Deutschland ist umzingelt – Krieg an allen Fronten

Das Ende des Krieges

Lösungen

Aufgabe 1: General Dietrich von Choltitz (1894-1966) war der letzte Stadtkommandant von Paris. Er widersetzte sich den Befehlen Hitlers, der forderte: „Paris darf nicht oder nur als Trümmerfeld in die Hand des Feindes fallen". Choltitz übergab die Stadt unbeschädigt an die französischen Verhandlungspartner. Er gilt als „Retter von Paris". Der spätere französische Präsident Charles de Gaulle sah in dessen Befehlsverweigerung einen Grundstein für die spätere deutsch-französische Aussöhnung. Bei dem Begräbnis von Choltitz im Jahr 1966 in Baden-Baden waren ranghohe Militärs von Deutschland und Frankreich zugegen.

Aufgabe 2: Das noch in deutscher Hand befindliche Reichsgebiet war nun in zwei Hälften zerschnitten. Das hatte schwerwiegende Folgen für die weitere militärische Führung der Truppen. Die Kommunikation, Nachschub und Truppenbewegungen wurden dadurch erheblich beeinträchtigt.

Aufgabe 3: Die westlichen Alliierten beobachteten mit Argusaugen, welche gewaltigen Fortschritte die Russen an der Ostfront erzielten. Da die totale Niederlage Deutschlands im Frühling 1945 nahezu feststand, begannen schon die strategischen Überlegungen über den Krieg gegen Deutschland hinaus. Schon zu diesem Zeitpunkt rechneten die westlichen Alliierten damit, dass Russland ein eventueller zukünftiger Gegner sein könnte. Die Briten und Amerikaner forcierten daher ihre Angriffe und Geländegewinne, um das Vordringen der Russen nach Westen möglichst klein zu halten.

Die Befreiung der Konzentrationslager

Das Ende des Krieges

Die meisten Zwangsarbeits- und Konzentrationslager wurden ab Januar 1945 durch die Alliierten befreit. Sie gaben den befreiten Häftlingen neben der medizinischen Versorgung und Nahrung auch die Möglichkeit, ihren weiteren Verbleib bis zur Rückführung in ihre Heimatländer selbst zu organisieren. Die SS-Angehörigen hatten sich meist rechtzeitig vor dem Eintreffen der Siegermächte zurückgezogen. Der schockierende Anblick in den Lagern offenbarte das volle Grauen des Holocaust. Auf dem linken Bild sieht man das KZ Buchenwald am 16. April 1945 bei der Befreiung durch US-Truppen. Die Häftlinge wurden auf engstem Raum in den Stockbetten untergebracht, sichtbar ausgemergelt und teilweise schwer krank. In der zweiten Reihe, als der siebte von links, liegt der 16-jährige Elie Wiesel, der den Holocaust überlebte und seine Erfahrungen später in zahlreichen Publikationen verarbeitete. Für seinen unermüdlichen Einsatz gegen Gewalt, Unterdrückung und Rassismus erhielt Wiesel 1986 den Friedensnobelpreis. Das rechte Bild zeigt das KZ Bergen-Belsen bei seiner Befreiung durch britische Soldaten. Diese hatten die traurige Aufgabe, die Toten mit Hilfe eines Armee-Bulldozers in Massengräber zu schieben. Die Bilder dokumentieren eindrucksvoll das unfassbare Leid, den Mangel an Nahrung und medizinischer Versorgung sowie die systematische Vernichtung von Menschenleben. Insgesamt starben während des Holocaust über 6.000.000 Juden in den Konzentrationslagern.

Aufgabe 1: *Warum zwangen die Alliierten die deutsche Zivilbevölkerung dazu, sich die befreiten Konzentrationslager anzuschauen?*

Aufgabe 2: *Stell dir vor, du bist ein amerikanischer Soldat und bei der Befreiung eines Konzentrationslagers dabei. Schreibe deine Gedanken und Gefühle in dein Kriegstagebuch.*

Die Schlacht um Berlin 1945

Das Ende des Krieges

Mit der Schlacht um Berlin neigte sich der Zweite Weltkrieg in Europa dem Ende entgegen. Sie dauerte vom 16. April bis zum 2. Mai 1945 und endete mit der Besetzung Berlins durch die Rote Armee. Aufgrund des Befehls Hitlers, die Stadt bis zum letzten Mann zu verteidigen, forderten diese letzten blutigen Tage noch einmal über 170.000 gefallene Soldaten sowie mehrere zehntausend tote Zivilisten. Berlin lag in Schutt und Asche. Knapp eine Woche später, am 08. Mai 1945, kapitulierte Deutschland in Europa und beendete damit den Zweiten Weltkrieg auf dem Kontinent.

Aufgabe 1: *Welche Folgen hatte die bedingungslose Kapitulation für Deutschland?*

Aufgabe 2: *Wie verhielten sich die Nazi-Größen Hitler, Goebbels, Goering und Himmler?*

Nach Ende des Krieges ließ Stalin überall in Berlin Propagandaplakate aufhängen, auf denen zu lesen war: **„Die Hitler kommen und gehen, aber das deutsche Volk wird es immer geben. Josef Stalin."**

Aufgabe 3: *Was wollte Stalin mit seinen Plakaten dem deutschen Volk mitteilen?*

Die Befreiung der Konzentrationslager

Das Ende des Krieges

Lösungen

Aufgabe 1: Die Alliierten waren schockiert von der fabrikmäßigen Massenermordung in den Konzentrationslagern. Sie fanden riesige Lager mit ausgemergelten Menschen, umgeben von Leichenbergen. Der Gestank und der Anblick waren entsetzlich. In den Soldaten stieg neben Ungläubigkeit auch Wut auf. Sie zwangen die deutsche Zivilbevölkerung, sich den Gräueltaten der Nazi-Herrschaft zu stellen. Sie mussten es sich anschauen, damit sie es selbst realisieren konnten. Es sollte nie die Möglichkeit geben, dass die Gräueltaten verschleiert oder geleugnet werden konnten.

Nur sehr selten wurden in den befreiten KZs noch SS-Wachleute angetroffen. Bei der Befreiung des Lagers in Dachau kam es zur Hinrichtung mehrerer SS-Angehöriger, die sich zuvor den Befreiern gestellt hatten. Dieser Vorfall ist historisch dokumentiert und wird heute kontrovers diskutiert.

Aufgabe 2: individuelle Lösung

Die Schlacht um Berlin 1945

Das Ende des Krieges

Lösungen

Aufgabe 1: Durch die bedingungslose Kapitulation erkannte Deutschland seine Kriegsschuld an und verlor seine staatliche Souveränität. In Folge dessen wurde Deutschland in vier Besatzungszonen aufgeteilt und hatte über viele Jahre hohe Reparationszahlungen an die Siegermächte zu bezahlen.

Aufgabe 2: Hitler beging am 30. April 1945 Selbstmord im Berliner Führerbunker. Goebbels folgte Hitler einen Tag später, am 01. Mai 1945 in den Freitod. Beide wollten den Soldaten der Roten Armee nicht in die Hände fallen. Sie verfügten sogar, dass ihre Leichen verbrannt werden sollten. Goering begab sich nach mehrtägiger Flucht am 21. Mai 1945 in US-amerikanische Kriegsgefangenschaft. Er wurde in den Nürnberger Prozessen angeklagt und zum Tod verurteilt. Wenige Tage vor der Urteilsvollstreckung beging Goering am 15. Oktober 1946 Selbstmord in seiner Zelle. Himmler sondierte kurz vor Kriegsende seine Chancen auf eine Zeit nach Hitler. Er führte eigenmächtige Verhandlungen mit den Alliierten. Diese lehnten eine Zusammenarbeit mit ihm ab. Nach Bekanntwerden dieser Verhandlungen wurde Himmler von Hitler aller Ämter enthoben und per Haftbefehl gesucht. Nach tagelanger Flucht geriet Himmler in alliierte Kriegsgefangenschaft und beging am 23. Mai 1945 Selbstmord. Seine Leiche wurde an einem unbekannten Ort in der Lüneburger Heide vergraben.

Aufgabe 3: Stalin wollte verdeutlichen, dass das russische Volk keine Rachegefühle für die Deutschen hegen würde.

Hitlers letzte Stunden im Führerbunker

Am 30. April 1945 befand sich Hitler mit etwa 20 weiteren Personen im Führerbunker der Reichskanzlei in Berlin. Als die vordringenden sowjetischen Truppen immer näher rückten, entließ Hitler seine engsten Mitarbeiter in die Freiheit. Als die Soldaten der Roten Armee später in der Reichskanzlei eintrafen, fanden sie in einem Bombenkrater die verkohlten Leichen von Hitler, seiner Frau Eva Braun und den beiden Schäferhunden „Blondi" und „Wolf". Die wichtigsten Personen im Hintergrund während der letzten Stunden im Führerbunker waren:

Traudl Junge   Otto Günsche   Rochus Misch   Fam. Goebbels

Das Ende des Krieges

Aufgabe 1:
Erkundige dich im Internet über die gezeigten Personen.

Auf diesem Bild sind Reichspropagandaminister Joseph Goebbels mit seiner Frau Magda und drei der insgesamt sechs Kinder zu sehen. Wenige Tage vor ihrem Freitod schrieb Magda Goebbels einen Abschiedsbrief an Harald Quandt, ihren Sohn aus erster Ehe.

„Die Welt, die nach dem Führer und dem Nationalsozialismus kommt, ist nicht mehr wert darin zu leben und deshalb habe ich auch die Kinder hierher mitgenommen. Sie sind zu schade für das nach uns kommende Leben und ein Gnädiger Gott wird mich verstehen, wenn ich selbst ihnen die Erlösung geben werde [...]"

Aufgabe 2:
Recherchiere über die letzten Stunden der Familie Goebbels im Führerbunker, und berücksichtige dabei die Worte von Magda Goebbels.

Die Nürnberger Prozesse

Das Ende des Krieges

Am 9. Mai 1945 unterzeichnete Generalfeldmarschall Wilhelm Keitel die bedingungslose Kapitulation Deutschlands, womit der Krieg in Europa beendet war. Auf der Konferenz von Potsdam, die vom 17. Juli bis 02. August 1945 stattfand, wurde die politische und wirtschaftliche Neuordnung des besiegten Deutschlands festgelegt. Teilnehmer waren die obersten Staatschefs der Alliierten sowie deren Außenminister.

Aufgabe 1: *Welche Bestimmungen wurden in der Konferenz von Potsdam beschlossen?*

Zwischen dem 20. November 1945 und dem 1. Oktober 1946 fanden im Justizpalast in Nürnberg die Nürnberger Hauptprozesse gegen die wichtigsten Kriegsverbrecher vor dem Internationalen Militärgerichtshof statt. Insgesamt waren 185 Personen angeklagt: 24 wurden zum Tode verurteilt, 35 freigesprochen, die übrigen erhielten teilweise lebenslange Haftstrafen.

Aufgabe 2: *Prominenteste Angeklagte waren Göring, Heß, Keitel, Dönitz, Speer, Streicher und Ribbentrop. Welche Urteile wurden über diese NS-Größen verhängt?*

Hitlers letzte Stunden im Führerbunker

Das Ende des Krieges

Lösungen

Aufgabe 1: **Otto Günsche** (1917-2003) war SS-Sturmbannführer und persönlicher Adjutant von Adolf Hitler. Nach dem Tod des Ehepaares Hitler durch Suizid verbrannte Günsche befehlsgemäß die Leichen im Garten der Neuen Reichskanzlei und vergrub die sterblichen Überreste. Günsche geriet bei seiner anschließenden Flucht in russische Gefangenschaft, aus der er 1955 zurückkehrte. Er lebte in den letzten Jahren zurückgezogen in der Nähe von Bonn und blieb zeitlebens überzeugter Nationalsozialist.

Rochus Misch (1917-2013) war SS-Oberscharführer und als Telefonist und Leibwächter Hitlers tätig. Nachdem ihn Goebbels von seinem Dienst entbunden hatte, floh Misch durch Berlin, geriet in russische Gefangenschaft und kam 1953 nach Deutschland zurück. Er führte ein Malergeschäft und starb im Alter von 96 Jahren.

Traudl Junge (1920-2002) war eine von vier Sekretärinnen Hitlers. Wenige Tage vor seinem Tod diktierte ihr Hitler sein persönliches Testament. Sie wurde von den Alliierten als Mitläuferin eingestuft und nicht strafrechtlich verfolgt.

Aufgabe 2: Der Brief an ihren Sohn Harald zeigt, dass sich Magda Goebbels ein Leben nach der Ära Hitler nicht vorstellen konnte. Sie war traurig wegen des verlorenen Krieges und daher ließ sie ihre Kinder lieber sterben, als in einem neuen, entnazifizierten Deutschland zu leben. Am 01. Mai 1945, einen Tag nach Hitlers Tod, gab sie ihren sechs Kindern Helga (12), Hildegard (11), Helmut (9), Holdine (8), Hedwig (6) und Heidrun (4) tödliche Giftkapseln, bevor sie und ihr Mann selbst Blausäurekapseln zu sich nahmen. Ihre Leichen wurden ebenfalls verbrannt.

Die Nürnberger Prozesse

Das Ende des Krieges

Lösungen

Aufgabe 1: Die wichtigsten Bestimmungen von Potsdam waren die militärische Besetzung Deutschlands, die Zahlung von Reparationen, die Entnazifizierung und die Verfolgung der Kriegsverbrecher.

Aufgabe 2: Hermann Göring wurde zum Tode verurteilt, nahm aber vor der Hinrichtung eine Giftkapsel, die er während des gesamten Prozesses versteckt hatte. Rudolph Hess (Stellvertreter Hitlers) wurde zu lebenslange Haft verurteilt.

Er starb 1987 im Alter von 93 Jahren im Kriegsverbrechergefängnis Spandau. Wilhelm Keitel wurde als Chef des Oberkommandos der Wehrmacht 1946 zum Tode verurteilt und gehängt. Karl Dönitz, Nachfolger Hitlers und das letzte Staatsoberhaupt des Deutschen Reiches wurde zu 10 Jahren Haft verurteilt, die er von 1946-1956 vollständig absaß. Albert Speer, Reichsminister für Bewaffnung und Munition, wurde zu 20 Jahren Haft verurteilt, die er von 1946 bis 1966 vollständig absaß. Julius Streicher, NSDAP-Politiker und Herausgeber der NS-Hetzschrift „Der Stürmer" wurde 1946 zum Tode durch den Strang verurteilt und hingerichtet. Joachim von Ribbentrop NSDAP-Politiker und Außenminister Hitlers wurde 1946 zum Tode durch den Strang verurteilt und hingerichtet.

Die Teilung Deutschlands

Das Ende des Krieges

Als am 8. Mai 1945 der Zweite Weltkrieg in Europa beendet war, wurden Deutschland und Österreich in je vier Besatzungszonen aufgeteilt und von den Siegermächten Sowjetunion, USA, Großbritannien und Frankreich besetzt. Die Zeit, in der die vier Mächte die beiden Länder besetzt hielten, nennt man Besatzungszeit. Sie dauerte in Österreich von 1945 bis 1955. Auch in Westdeutschland wurde die Besatzung im Jahr 1955 mit dem Deutschlandvertrag beendet, in Ostdeutschland blieb die Zone als eigenständiger Staat, die DDR, noch bis 1990 erhalten. Erst mit der Wiedervereinigung der beiden deutschen Staaten endete die Besatzungszeit.

Die beiden Hauptstädte Berlin und Wien waren wiederum in jeweils vier Besatzungszonen eingeteilt.

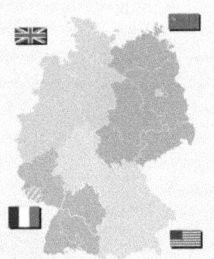
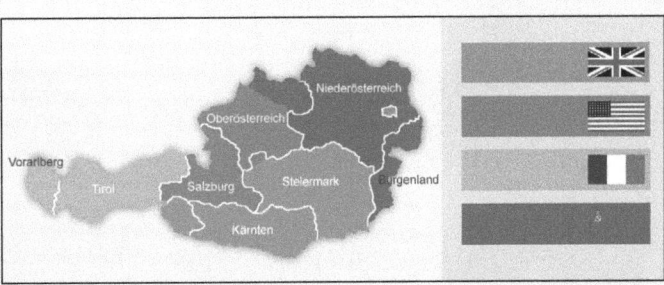

Aufgabe: Welche Folgen hatte die militärische Besetzung für die Zukunft Deutschlands?

Zahlen & Fakten zum 2. Weltkrieg

Das Ende des Krieges

Aufgabe: Beantworte die folgenden Fragen. Jede richtige Antwort bringt dir einen Lösungsbuchstaben.

a) Die Schätzungen über die Gesamtzahl der Toten (Soldaten und Zivilisten) reichen bis zu:
   - **P** 10 Millionen   **A** 40 Millionen   **F** 80 Millionen

b) Wie viele Nationen der Erde haben Deutschland den Krieg erkläre?
   - **E** 39 Staaten   **R** über 40 Staaten   **G** 29 Staaten

c) Wie viele amerikanische Soldaten erschoss der 20-jährige Wehrmachtssoldat Hein Severloh bei der Invasion in der Normandie innerhalb weniger Stunden?
   - **Q** etwa 200 GIs   **B** etwa 1000 GIs   **I** etwa 2000 GIs

d) Welche Folgen hatte der japanische Angriff auf Pearl Harbor?
   - **E** Kriegseintritt der USA   **R** totaler Sieg Japans   **T** Kapitulation der USA

e) Wie viele Menschen jüdischen Glaubens wurden durch Nazi-Deutschland ermordet?
   - **C** ca. 60.000   **L** ca. 600.000   **D** ca. 6.000.000

f) Im Krieg operierten 863 deutsche U-Boote. Wie viele dieser U-Boote blieben auf See?
   - **E** über 90 %   **O** etwa die Hälfte   **U** weniger als 10 %

g) Beim Einmarsch der Roten Armee in Ostpreußen und Berlin kam es immer wieder zu Racheaktionen an der deutschen Bevölkerung für die Kriegsverbrechen, die Wehrmacht und SS in den besetzten Ostgebieten verübten. Die Zahl der Vergewaltigungen wird geschätzt auf:
   - **K** 500.000   **R** 1 Million   **N** 2 Millionen

Die Teilung Deutschlands

Das Ende des Krieges

Lösungen

Aufgabe: Deutschland wurde in vier Besatzungszonen eingeteilt. Die drei Westzonen und die sowjetische Ostzone konnten sich bald nicht mehr auf eine gemeinsame Vorgehensweise einigen. Am 23. Mai 1949 wurde mit der Verkündung des Grundgesetzes die Bundesrepublik Deutschland gegründet, am 7. Oktober 1949 die Deutsche Demokratische Republik (DDR). Für über 40 Jahre existierten damit zwei deutsche Staaten, die sich in grundlegend unterschiedlichen politischen und wirtschaftlichen Richtungen entwickelten, bis sie 1990 wiedervereinigt wurden.

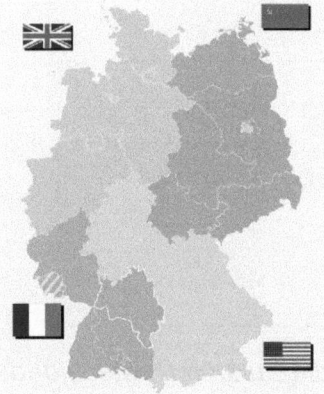
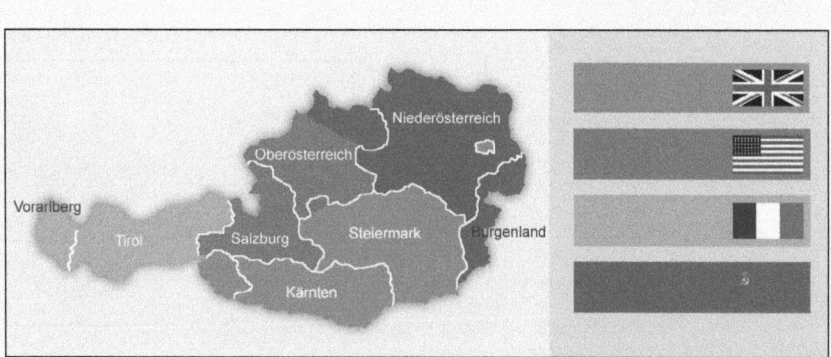

Zahlen & Fakten zum 2. Weltkrieg

Das Ende des Krieges

Lösungen

Aufgabe: die richtigen Antworten sind

a) Die Gesamtanzahl der Toten wird auf **80 Millionen** geschätzt.

b) Zuletzt stand Deutschland mit **über 40 Staaten** im Krieg.

c) Hein Severloh, die Bestie von Omaha Beach, erschoss auf direkten Befehl annähernd **2000** amerikanische Soldaten bei der Landung in der Normandie.

d) Pearl Harbor hatte zur Folge, dass die Stimmung in der Bevölkerung der USA kippte. Einen Tag nach dem Angriff auf Pearl Harbor **traten die USA in den Krieg ein**.

e) Die Gesamtzahl der ermordeten Juden beläuft sich auf etwa **6.000.000 Menschen**.

f) 784 der eingesetzten 863 deutschen U-Boote blieben auf See, das entspricht einer Verlustrate von **über 90 %**. U-Boot Soldaten hatten das höchste Risiko zu Sterben und sie erwartete ein grauenvoller Tod. Etwa 75 % dieser Soldaten blieben in ihren U-Booten, als diese auf den Meeresgrund sanken.

g) Die genaue Zahl der Verbrechen an der deutschen Zivilbevölkerung lässt sich nicht bestimmen, internationale Schätzungen gehen von **2 Millionen** Vergewaltigungen aus.

Lösungswort: FRIEDEN